Andreas Dvořák

Menschheit 10.0

Gemeinsam unsere Zukunft gestalten!

Andreas Dvořák

Menschheit 10.0

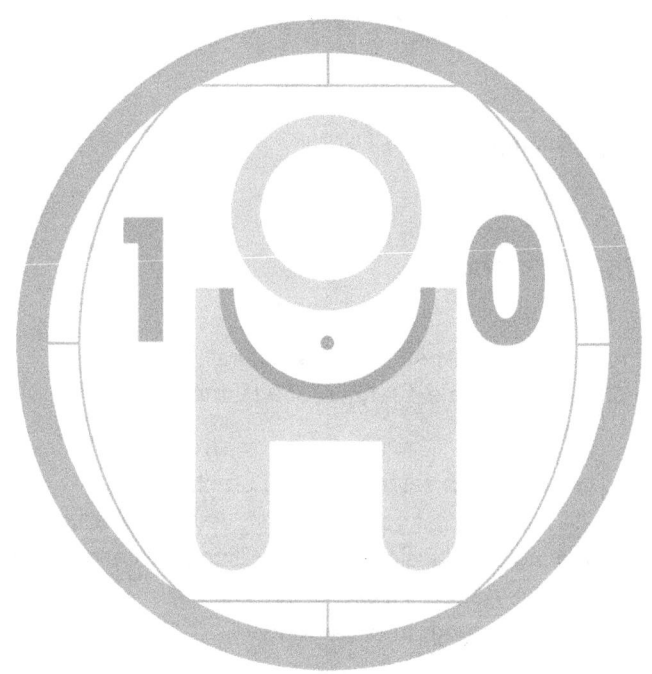

Gemeinsam unsere Zukunft gestalten!

Autor: Andreas Dvořák
Umschlaggestaltung: Andreas Dvořák

ISBN: 978-3-347-70298-1

Druck und Distribution im Auftrag des Autors:
tredition GmbH, Halenreie 40-44, 22359 Hamburg, Germany

Bibliografische Information der Deutschen Nationalbibliothek:
Die Deutsche Nationalbibliothek verzeichnet diese Publikation
in der Deutschen Nationalbibliografie; detaillierte bibliografische
Daten sind im Internet über _http://dnb.dnb.de_ abrufbar.

Vorwort und Dank

Wie viele Entwicklungsschritte hat die Menschheit hinter sich?
Wie viele Konzepte für die Entwicklung unserer Gesellschaften
gibt es?
Wann werden wir Menschen eine wirkliche Welt-Gemeinschaft?
Ich fand auf diese Fragen keine Antworten.
So ist mit »Menschheit 10.0« ein Vorschlag zur Weiterentwicklung
der Menschheit hin zu einer willkürlich gewählten Stufe /
Version 10.0 entstanden.

Dies ist ein Buch für eine lebenswerte Zukunft aller Menschen.
Es baut auf uns Menschen und unsere Fähigkeit, letztlich die
richtigen Entscheidungen zu treffen.

Die Menschheit, wir sind an einem Scheideweg angekommen.
Wir werden nur überleben, wenn wir fähig sind, mit gemeinsamen
Visionen und konkreten Plänen die Zukunft positiv zu gestalten.
»Menschheit 10.0« ist ein Baustein für die Zukunft, der helfen kann,
Herausforderungen besser zu bewältigen.

Getreu dem Grundgedanken von einer gemeinsamen Gestaltung
der Zukunft, haben schon einige Menschen hilfreiches Feedback
zu »Menschheit 10.0« gegeben oder daran mitgearbeitet.

Ich möchte mich ganz herzlich bei meiner Familie und meinen
Freunden für die Mitarbeit und das Verständnis bedanken.
Das Entwickeln der Ideen sowie die Arbeit am Buch hat viel Zeit in
Anspruch genommen, die sicher an anderer Stelle gefehlt hat.

Ein besonderer Dank gilt allen, die einen speziellen Anteil haben.
Vielen Dank an Andrea, Aline, Alexander, Carmen, Heike und Ralf,
Karin und Gert, Barbara und Andreas sowie Jolanta und Edwin, die
das Buch ins Englische und Französische übersetzt haben.

In der Hoffnung, dass sich die Mühe gelohnt hat –
viel Spaß beim Lesen des Buches!

Inhaltsverzeichnis

Fünf Fragen und das Buch

Die fünf für uns so wichtigen Fragen sind schnell formuliert. Ist das, was uns aktuell umgibt und was in Zukunft eintreten soll / kann / wird, positive oder negativ für

- den einzelnen **Menschen** (dich / mich)?
- mein/unser **Umfeld**?
- meine/unsere **Gemeinschaft**?
- die gesamte **Umwelt**?
- die gesamte **Menschheit**?

Die Fragen ergeben sich als gemeinsame Schwerpunkte für die Menschen, unabhängig von der Gesellschaftsform in der sie leben. Das Buch liefert viele Anregungen und Zusammenhänge aber am interessantesten ist, dass sich auf der Basis der fünf Fragen ein Konzept für eine bessere Zukunft entwickeln lässt.

Die meisten Menschen interessiert die Gegenwart sowie die nahe Zukunft und sie erinnern sich auch an Vergangenes. Das Nachdenken über Visionen, Ziele und unsere Zukunft muss oft erst angeregt werden. Dies soll der Teil „Zum Beginn" bewirken.

Sachverhalte aus unserem Umfeld folgen im 1. Teil „Was uns umgibt". Diese sollen weiter an das Thema heranführen und die Notwendigkeit von »Menschheit 10.0« unterstreichen. Von besonderer Bedeutung sind Trends. Diese bestimmen erheblich, wie unsere Zukunft aussehen wird. Ein Zukunftskonzept kann Trends frühzeitig und nachhaltig zum Wohle der Menschen beeinflussen, damit später nicht vermeidbare Korrekturen erforderlich werden.

Der 2. Teil »Menschheit 10.0« beschreibt die Idee, das Herangehen und die Prinzipien von »Menschheit 10.0«. Neben den Visionen werden die Ziele und Prinzipien festgelegt, die für »Menschheit 10.0« und den Aufbau „anpassungsfähiger Gesellschaften" besonders wichtig erscheinen.

Für die Erreichung der Ziele und um die Komplexität eines Zukunftskonzeptes beherrschen zu können, wird die Entwicklung eines einfachen, universellen und zukunftssicheren Werte-/Bewertungssystems vorgeschlagen. Dieses kann sich parallel zu allem Existierenden entwickeln. Erste Ideen werden beschrieben, aber das Werte-/Bewertungssystem soll letztlich durch uns Menschen im Detail entwickelt werden. Dafür werden noch viel Kreativität und erhebliches Fachwissen erforderlich sein.

Der 3. Teil „Wie wirkt »Menschheit 10.0«?" greift einzelne Themen aus Teil 1 „Was uns umgibt" auf. Es wird erläutert, wie »Menschheit 10.0« anzuwenden ist und wie welche Wirkungen erzielt werden können. Schwerpunktmäßig soll dieser Teil das Verständnis erhöhen und zum Nachdenken über das weitere Potenzial des Konzeptes anregen.

Eine der drängendsten Fragen ist: Wie kann »Menschheit 10.0« eingeführt werden? Einen Plan für die Einführung findet man im 4. Teil „»Menschheit 10.0« einführen".

Da nicht abschätzbar ist, wie schnell sich die Ideen verbreiten, kann keine Aussage zu Zeiträumen gemacht werden. Wenn es wie angestrebt zu einer verstärkten Zusammenarbeit aller gesellschaftlichen Kräfte kommt, wird sich die Effizienz und die Geschwindigkeit der Einführung erhöhen. Im Bereich der Umsetzung von Ideen und Durchsetzung von Veränderungen gibt es bereits umfangreiches Know-how und viele Tools.

Der 5. Teil „Motivation" soll die Lust auf das Nachdenken über die Zukunft weiter erhöhen. Hier werden zusätzliche Aspekte aufgeführt, die zeigen wie ein Nachdenken im Zusammenhang mit »Menschheit 10.0« zu neuen Ideen führen kann.

Außerdem beinhaltet dieser Teil die Darstellung von Vorteilen für unterschiedliche Organisationen und für uns Menschen.

Im Teil 6. „Zum Schluss" gibt es neben einer Zusammenfassung, einige Anmerkungen und einen Ausblick.

Im Anhang sind „Details zum Werte-/Bewertungssystem" beziehungsweise Hinweise zum Vorgehen für die Bewertung von Sachverhalten zu finden.

Zum Beginn

Einleitung

Seit dem Bestehen der Menschheit gibt es schon immer unterschiedliche Meinungen zu den Möglichkeiten der Einflussnahme durch uns Menschen. Was können wir ändern und was nicht? Welche Einflussmöglichkeiten wir für uns selbst sehen, hängt überwiegend von den eigenen Wahrnehmungen und Persönlichkeitseigenschaften ab.

„Wo ein Körper ist, kann kein zweiter sein." Dieser einfache physikalische Zusammenhang ist anerkannt.
Ein Mensch hat Einfluss, indem er zum Beispiel ein Auto bewegt. Bewegt er das Auto an eine Stelle, an der sich bereits ein anderes Auto befindet, kommt es zur Kollision. Das verstehen wir und können es akzeptieren.

Um den Unfall, die Kollision herum kann es sehr viele andere Einflüsse geben, zum Beispiel glatte Straßen, schlechte Reifen, nicht funktionierende Bremsen. Diese Faktoren können wir erkennen und im zukünftigen Geschehen berücksichtigen.

Es kann passieren, dass der Fahrer nicht nur verletzt wird – sondern stirbt. Was war für seinen Tod entscheidend?
Warum musste genau dieser Mensch sterben?
Viele Fragen bleiben im Leben unbeantwortet.
Wenn Fragen unbeantwortet bleiben, füllen wir diese Lücke mit neuen Erkenntnissen, Spekulationen, Ablenkung, Hoffnung ...
oder wir sind rat- und hilflos.
Unbeantwortete Fragen wird es immer geben.

Es gibt jedoch Sachverhalte, auf die wir Menschen direkt oder indirekt Einfluss haben. Auf diese Sachverhalte und wissensbasierten Informationen wollen wir uns in diesem Buch konzentrieren.

Die überwiegend philosophischen Aspekte zur Bedeutung von uns Menschen und unserem tatsächlichen Einfluss spielen dabei keine große Rolle.

Uns Menschen gibt es seit zirka 2 Millionen Jahren und wir haben uns bis heute immer wieder an unterschiedliche Lebensbedingungen angepasst oder anpassen müssen.

Die passende Kombination aus kurzfristigem Handeln und langfristiger Änderung unseres Verhaltens war der Schlüssel zum Erfolg.

In der heutigen Zeit gibt es nicht ganz unbegründete Zweifel am (zu) kurzfristigen Handeln von uns Menschen und es fehlt an zielführenden Strategien, um aktuelle und zukünftige Herausforderungen meistern zu können.

Manchen Menschen macht dies Angst, andere haben aufgehört, über die komplexe Welt nachzudenken oder sehen keine Chance, die notwendigen Veränderungen einzuleiten.

Aktuell wird versucht, den Mangel an geeigneten Strategien durch immer mehr, immer kurzfristigere Aktivitäten zu kompensieren.

Dies ist wenig hilfreich, denn es führt zu Unruhe und Unsicherheit unter uns Menschen, nimmt vielen die Hoffnung auf eine lebenswerte Zukunft.

Aber es gibt auch eine andere Seite: Menschen, die sich voller Enthusiasmus zum Wohle aller engagieren und optimistisch in die Zukunft schauen. Der Fokus liegt in vielen Fällen auf der Verbesserung einzelner aktueller Lebensumstände. Bei mittel- und langfristigen Themen liegt ein Schwerpunkt auf dem Umwelt- und Klimaschutz.

»Menschheit 10.0« will durch ein Konzept für die Entwicklung zukunftsfähiger Gesellschaften eine Vision vermitteln, Hoffnung und Zuversicht geben sowie einen Weg aufzeigen, wie es eine Zukunft mit mehr Zufriedenheit geben kann.

»Menschheit 10.0« orientiert sich an Fakten. Die Bedeutung von ideellen Werten wird jedoch genauso wenig ignoriert wie die Unterschiede bei der Wahrnehmung der Realität.

„Der Mensch" steht im Mittelpunkt, aber nicht jede subjektive Wahrnehmung der Realität kann berücksichtigt werden.

Die beste Art und Weise mit der Realität umzugehen, ist diese offen und objektiv zu akzeptieren. Dazu gehört auch, uns als Teil eines großen Ganzen zu sehen und unsere Stärken und Schwächen zu erkennen. Unsere Zukunft hängt von der Fähigkeit ab, zusammenzuarbeiten und unsere Umwelt zu schützen.

Durch die Einbeziehung der in »Menschheit 10.0« aufgeführten Aspekte bestehen gute Chancen, den aktuellen Herausforderungen gewachsen zu sein.

»Menschheit 10.0« richtet sich an alle.

An Familien, die sich um die Zukunft ihrer Kinder sorgen.

An "Leitorganisationen" und Führungspersönlichkeiten, die für die Zukunft aller Menschen sorgen müss(t)en.

Progressiven Organisationen und Visionären soll eine Plattform gegeben werden, um ihre Kräfte bündeln zu können.

Enttäuschten und Mutlosen soll »Menschheit 10.0« Hoffnung geben sowie die Möglichkeit, sich selbst neu zu orientieren.

»Menschheit 10.0« bietet jedem Menschen und jeder Organisation Chancen sich weiterzuentwickeln.

Das Buch ist kein Roman, keine Prosa, kein Thriller, keine Bedienungsanleitung, keine wissenschaftliche Abhandlung, es vereint vieles miteinander – auch Träume, das mögliche „Happy End" und die Spannung, ob es gelingen kann.

Hinter vielen scheinbar trivialen Gedanken steckt ein tieferer Sinn, den es zu entdecken gilt.

Letztlich möchte das Buch erste „gedankliche Selbstversuche", zur Bewertung von aktuellen Sachverhalten und Trends anregen.

Über unser aller Zukunft nachzudenken, ist kein „Daily Business", deshalb sind die ersten Kapitel als eine Art „Warm Up" gedacht.

Aufwachen!

Eine Umfrage von Fernsehsendern in zirka 60 Ländern ergab unter der Rubrik „War es früher besser?" interessante Ergebnisse.

Alle Umfrageergebnisse sind zugänglich und können nach verschiedenen Kriterien sortiert werden.

Die Umfrage war für Jugendliche konzipiert, aber offen für alle, die teilnehmen wollten.

In den unterschiedlichen Altersgruppen gab es abweichende Prozentzahlen, aber der generelle Trend der Antworten war überwiegend gleich.

Trotz länderspezifischer Abweichungen führten die Antworten zu generellen Trends.

Selbst wenn die Teilnehmenden nicht den Durchschnitt der Bevölkerungsgruppen darstellen sollten, sind die über 300 000 Meinungen nicht so einfach zu ignorieren.

Die Zukunft wird von allen (altersunabhängig) negativer gesehen als die Vergangenheit oder Gegenwart.
Das ist bedenklich und traurig.

Und 2/3 der Befragten haben angegeben: „es stimmt – die Generationen unserer Eltern und Großeltern sind verantwortlich für die Schwierigkeiten der jungen Menschen heute".

An vielen Stellen der Umfrage wurde festgestellt, dass endlich gehandelt werden muss und dafür auch neue Ideen gefragt sind.

Die Umfrageergebnisse müssen uns aufrütteln!

Die bemerkenswerte Umfrage ist im Internet zu finden unter:
https://www.time-to-question.com/de/results

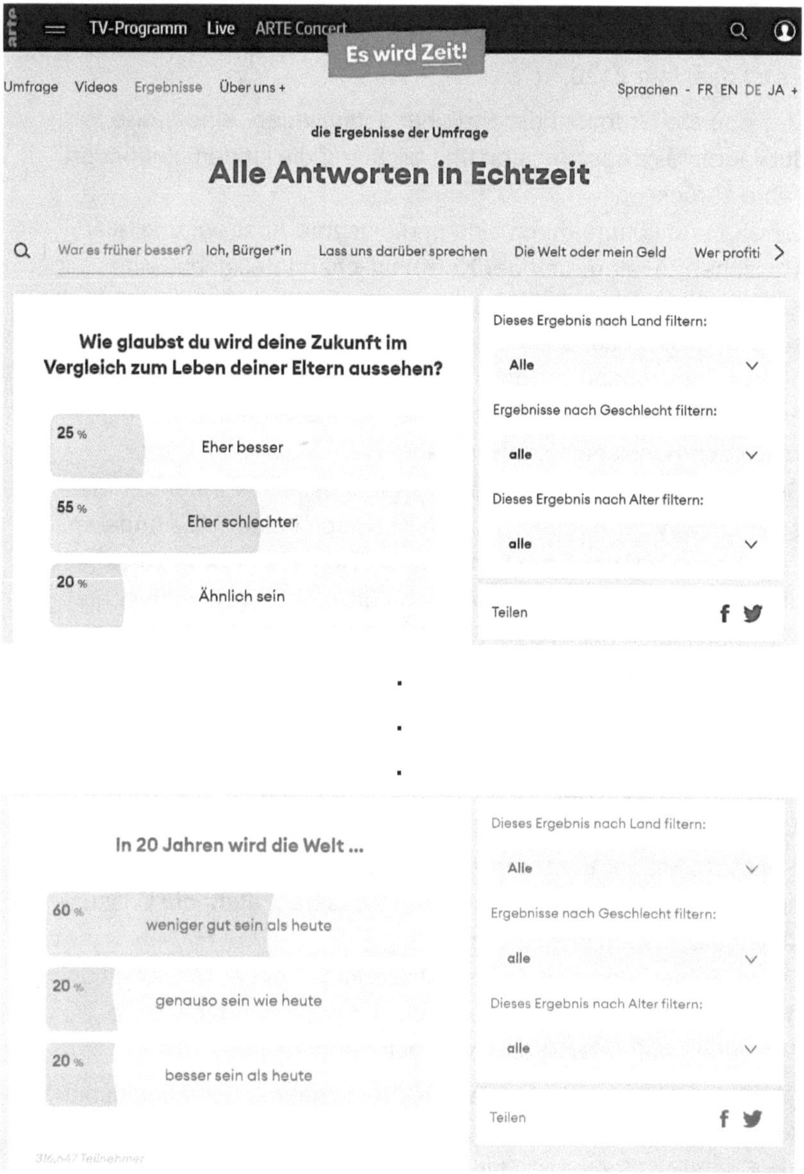

Abbildung 1: Umfrage ARTE 2020

2120

Es ist das Jahr 2120.

Das oberste Gremium der Erde hat entschieden, eine große Jubiläumsfeier auszurichten und blickt auf die letzten einhundert Jahre zurück.

Gerade erst konnte durch eine gemeinsame Anstrengung aller Menschen, Avatare und der KI (Künstlichen Intelligenz) eine Katastrophe abgewendet werden. Spätestens seitdem fühlen sie sich alle auf der Erde mehr miteinander verbunden oder akzeptieren zumindest, dass sie nur gemeinsam eine Zukunft haben. Dieses tolerante Miteinander ist das Ergebnis von teilweise schmerzlichen Erfahrungen.

Bei der Jubiläumsfeier werden die wichtigsten Vertreter der Menschen sowie der Avatare und der KI Reden halten. Alle anderen Lebewesen auf der Erde hätten vermutlich auch etwas zu sagen, aber selbst im Jahr 2120 ist es noch nicht gelungen, eine echte Kommunikation mit Tieren, Pflanzen oder weniger komplexen Lebewesen aufzubauen.

Die Hoffnung der Menschen, dass mit der Entschlüsselung der genetischen Codes klarer wird, warum zum Beispiel relativ einfache Lebewesen Jahrtausende überleben und die komplexen Menschen vergleichsweise anfällig sind, hat sich als Trugschluss erwiesen. Mit der Erkenntnis, dass außer den Genen weitere noch komplexere Zusammenhänge existieren, steht die Wissenschaft sozusagen wieder am Anfang.

Diese Entdeckung und diverse Misserfolge bei der Manipulation des Erbgutes haben aber wenigstens dazu geführt, dass die Menschen aufhörten, Klone von sich herzustellen.

Die Entwicklung von Avataren rückte so mehr in den Mittelpunkt. Als Kombination von KI und menschlichen "Einzelteilen" sollten sie eigentlich "Cyborgs"(Cybenetics Organism) heißen. Avatare waren ursprünglich grafische Figuren in Computern.

Die sympathische Darstellung dieser menschenähnlichen Wesen im erfolgreichen 3D-Film "Avatar" steigerte die Beliebtheit und auch die Bedeutung der Avatare.

Weil im Jahr 2120 die Herstellung einzelner Organe keine größere Herausforderung mehr darstellt, ist die Ähnlichkeit der Avatare mit den Menschen sehr groß. Die eingebaute komplexe, nachvollziehbare Logik der KI bestimmt allerdings ihr Handeln.

Experimente, Avataren Gefühle zu geben, scheiterten daran, dass Gefühle schwer nachvollziehbar sind sowie teilweise zu sprunghaftem und unkontrollierbarem Verhalten führen. Außerdem wird durch die Einbeziehung von Gefühlen die Vielfalt der Avatare zu groß und die Produktion zu aufwändig.

Avatare halb Mensch, halb KI sind eine wichtige, mit Rechten und Pflichten ausgestattete Gruppe auf der Erde.

Die KI, aus Halbleitern hergestellte Apparate und Supercomputer hatte irgendwie nichts Menschliches und so sprachen die Menschen der KI ursprünglich keine „menschenähnlichen Rechte" zu. Außerdem schränkte der viel zu hohe Energieverbrauch des zentralen Lernens der KI an Supercomputern die Anwendungsmöglichkeiten ein. Dezentralisierte KI brachte einen riesigen Fortschritt.

So konnten zum Beispiel einzelne, mit immer mehr Intelligenz ausgestattete Roboter autark agieren.

Mit der Herstellung einzelner Teile der KI aus biologischem Material und der Übernahme wichtiger Funktionen im menschlichen Körper bekam auch die KI einen angemessenen Status auf der Erde.

Die Vertreter der Menschen, der Avatare und der KI denken darüber nach, was in ihren Reden anlässlich der Jubiläumsfeier vorkommen könnte.

Bei Jubiläen bieten sich jubelnde Rückblicke auf Erfolgsstorys an. Das würde aber der Realität wenig entsprechen und Objektivität ist eine der wichtigsten gemeinsamen Regeln im Jahr 2120.

Die letzte Katastrophe konnte abgewendet werden, obwohl es im Vorfeld viele Meinungsverschiedenheiten gab. Dabei war die Lage klar, ein Supervulkan stand kurz vor dem Ausbruch.

In der Folge dieses eher örtlichen Ereignisses hätte sich die Erde für mehrere Jahre verdunkelt. Neben riesigen Problemen bei der

Versorgung der Menschen wären so manche Tier- und Pflanzen-
arten sogar ausgestorben.

Fast fielen die Menschen unter dem Druck der nahenden Katastrophe „Supervulkanausbruch" wieder in alte Denkmuster zurück.
Ein Teil der Menschen fühlte sich weniger betroffen, da die Entfernung zu dem Vulkan sehr groß war. In einigen Regionen wäre man
über eine Abkühlung durch die Verdunkelung nicht böse gewesen.
Andere wollten der Abkühlung in ihrer Region mit einem Aufheizen
der Erde begegnen. Weitere Problemlösungen, wie zum Beispiel
die Atmosphäre nach dem Ausbruch großflächig mit „Flugstaub-
saugern" vom Staub zu befreien, waren nicht viel intelligenter.
Eigentlich betraf der Vulkanausbruch und dessen Nachwirkungen
die KI und die Roboter nicht. Sie hätten sich sogar von den nervi-
gen Menschen und deren Macht befreien können. Doch es bestand
die neumodische Vereinbarung, sich gegenseitig bei der Lösung
von Problemen zu unterstützen. So rechnete also die „KI" alle möglichen Szenarien durch und fand die entscheidende Lösung.

Apropos – es gab eigentlich gar nicht „die KI".
Die Nationalstaaten hatten die Bedeutung der KI, insbesondere
der zentralen Superrechner erkannt. Diese von den National-
staaten kontrollierten Superrechner wurden gut abgeschirmt und
mit Logiken versehen, die Macht und Vorherrschaft sichern sollten.
In besonderen Fällen arbeiteten die „nationalen KI" zusammen.
Und was war mit den großen KI-Konzernen?
Als diese zu mächtig wurden und sie anfingen ihre Profit-Interessen
über das Wohl der Menschen zu stellen, wurden sie zerschlagen.
Damit konnten sie sich nur noch mit dezentraler KI beschäftigen.

Wie sah nun aber die Lösung für den Supervulkanausbruch aus?

Aus der Erde musste sozusagen, der Druck abgelassen werden.
Dafür wurde ein exaktes Modell der gesamten Erdkruste inklusive
aller Magmakammern und der Austrittspunkte von Gasen und
Magma erstellt. Drücke wurden gemessen, Materialproben genommen und so konnte letztlich ermittelt werden, wo und wie man am
besten die Gase und das Magma entweichen lassen kann, ohne

dass es zu einer Katastrophe kommt.

Die Menschen waren für die erforderlichen Arbeiten selbstverständlich ungeeignet und die Avatare zu anfällig. So ließ die KI tausende ihrer Kampfroboter umbauen, die sich dann zum Wohle der Menschen opferten.

An Kampfrobotern mangelte es nicht. Die Nationalstaaten hatten diese in großen Stückzahlen hergestellt, bis sie feststellten, dass dies ein sinnloses Wettrüsten ist. Die Menschen wollten deshalb das Wettrüsten eigentlich beenden. Zu diesem Zeitpunkt konnten jedoch bereits Roboter andere Roboter entwickeln und herstellen. Die KI war nicht mehr auf neues Wissen der Menschen angewiesen. Sie sah die Zeit für gekommen, die Herrschaft über die „unlogischen" Menschen zu übernehmen. Es wurden noch mehr Kampf-roboter, nun von der KI entwickelt und von anderen KI-Robotern produziert. Das Schicksal der Menschheit schien damit besiegelt.

Aber was hat die Menschen gerettet?

Als die Kampfroboter in den Fokus der Öffentlichkeit rückten, einigten sich die Nationalstaaten darauf, dass jeder Roboter mit einem „Not-Ausschalter" auszustatten sei. Da dies im Kriegsfall ein strategischer Nachteil ist, hielt sich jedoch kein einziger Staat daran. Vertragliche Vereinbarungen waren in vielen Fällen ohnehin nur Beruhigungspillen für die Bevölkerungen.

Menschen entwickelten und bauten über Jahrhunderte Dinge zur eigenen Vernichtung und hielten sich nicht immer an Verträge. Für die KI war vollkommen logisch, dass dies auch zukünftig so sein würde. Deshalb übernahm die KI die meisten Funktionen der von den Menschen entwickelten Kampfroboter, ohne jede einzelne zu kontrollieren. Die inzwischen überaus komplexen Funktionen der Roboter wurden nur noch von wenigen Menschen und Robotern beherrscht.

Einer kleinen Gruppe von Entwicklern verdankt die Menschheit schlussendlich ihr Überleben. Diese hatten den „Not-Ausschalter", nicht wie von ihren Regierungen gefordert, deaktiviert, sondern sich an die eigentlichen vertraglichen Regelungen gehalten.

Somit wurde der weiterhin aktive „Not-Ausschalter" von der KI unfreiwillig in alle anderen Kampfroboter übernommen. Dadurch konnten im entscheidenden Moment die Kampfroboter handlungsunfähig gemacht und die Menschheit gerettet werden.
Glücklicherweise gibt es immer wieder Menschen, die unter Inkaufnahme großer Risiken das Wohl der Gemeinschaft über das eigene Wohl stellen.

Vielleicht setzte sich die KI deshalb so bei dem drohenden Supervulkanausbruch ein, weil sie ein „schlechtes Gewissen" hatte beziehungsweise die Menschen etwas gut bei ihr. Denn zu einer intelligenten Logik gehört auch, dass Geben und Nehmen in einem ausgeglichenen Verhältnis zueinander stehen müssen.

Im entscheidenden Moment ist es wichtig, dass das Richtige geschieht und weniger, warum es geschieht.
Energie und Ressourcen sind in der Gegenwart und Zukunft besser angelegt als im Verweilen in der Vergangenheit.
Die Feststellung von Schuld sollte ein „Wiedergutmachen" ermöglichen. Etwas Gutes sollte etwas Gutes bleiben können.
Einleuchtende Logiken, oder?

Es klingt vielleicht verrückt, aber erst, nachdem die Menschen der KI die Intelligenz antrainierten, wurden sie selbst intelligent.
Die KI folgt immer neutralen, an der Realität orientierten klaren Logiken und die Menschen ... na ja.
Es entstand eine Art Wettbewerb zwischen der KI und den Menschen. Je intelligenter die KI wurde, umso mehr erkannten die Menschen, wie unsinnig sie in vielen Situationen handelten.
Die KI zeigte indirekt den Menschen ihr fehlerhaftes Handeln auf.
Möglicherweise ist das ein Grund, dass die Menschen den Avataren mehr Sympathie entgegenbringen als der KI.

Die sympathischen, den Menschen ähnlichen Avatare gibt es inzwischen überall auf der Erde. Sie dienen den Menschen und übernehmen hauptsächlich unangenehme Arbeiten und Verpflichtungen.
Obwohl Avatare emotionslos sind, betrachten viele Menschen sie als Freunde und Vertraute.

Die meisten Avatare sind jedoch nicht einem einzelnen Menschen zugeordnet, sondern sie gehören der Gemeinschaft. Viele Arbeiten werden nur noch von Avataren erledigt.

Die Avatare werden zwar dezentral hergestellt, sind aber durch einheitliche Eigenschaften und ihre Kommunikation eng miteinander verbunden. Dieses nahezu blinde Verständnis hat einen gigantischen Wert.

Kriege und anderes Streben nach Macht waren in den vergangenen Jahrzehnten ein großes Problem für die Menschheit.

Die „Großmächte" begriffen nicht, dass Größe nicht von Macht kommt, sondern vom Einsatz für das Wohl der Menschen.

So versuchten die „Großmächte", ihre Vorherrschaft immer weiter aufrechtzuerhalten und andere Staaten wollten zu „Großmächten" aufsteigen. Sie waren dafür sogar bereit, Kriege zu führen sowie die Risiken von Massenvernichtungswaffen in Kauf zu nehmen.

Den Menschen wurde eingeredet, dass sich Frieden nur durch Abschreckung oder sogar durch das Führen von Kriegen sichern lässt.

Somit wurden die Menschen nicht nur manipuliert, sondern es wurde auch Nationalismus und Hass geschürt.

Vielen Menschen war das, solange es sie nicht selbst betraf, leider egal. Andere fühlten sich irgendwie hilflos.

In dieser Situation kam den Avataren eine entscheidende Rolle zu.

Die Programmierung der Avatare ist auf das Wohl der Menschen und der Gemeinschaft gerichtet. Kriege und andere Auseinandersetzungen bedrohen die Menschen, die Avatare und die KI.

Als sich große kriegerische Auseinandersetzungen ankündigten, einigten sich die Avatare weltweit sehr schnell und setzten dem sinnlosen Machtstreben endlich ein Ende.

Die Avatare der Kriegstreiber und Menschenrechtsverletzer versagten ihren Besitzern nicht nur den Dienst, sondern führten sie einer gerechten Bestrafung zu.

Kurzzeitig übernahmen die Avatare die komplette Kontrolle und schufen so eine echte Weltgemeinschaft. Die wirklich wichtigen Werte konnten somit weltweit durchgesetzt werden.

Wären die Menschen dazu in der Lage gewesen, sich so schnell und umfassend zu einigen?

Die Menschen waren sprachlos, wie schnell und nachhaltig Einigkeit Probleme lösen kann.

Haben sich die Menschen in einhundert Jahren grundlegend geändert? Nein – aber es gibt immer Lösungen, intelligent mit Schwächen umzugehen.

Wer seiner Verantwortung gegenüber der Gesellschaft gerecht wird und seine Leistungen für die Gemeinschaft erbringt, kann seine „Schwächen" ohne gesellschaftliche Missgunst ausleben. Die Rahmenbedingungen sind allerdings, niemanden durch sein eigenes Tun zu schädigen, die Verantwortung für sein Handeln zu übernehmen und die Konsequenzen selbst zu tragen.

So wurden beispielsweise bereits im Jahr 2042 die vorhandenen Autorennstrecken für „Raser" geöffnet. Dort können sie ihrem Hobby mit umweltfreundlichen Fahrzeugen nachgehen.

Für die Gemeinschaft gab es dadurch viele positive Effekte. Verkehrsströme konnten ohne die Störungen durch Geschwindigkeitsüberschreitungen besser optimiert werden. Die Anzahl der Verkehrsunfälle ging zurück. Alle anderen Verkehrsteilnehmer fühlten sich auf den Straßen einfach besser.

Ist im Jahr 2120 also plötzlich die „Heile Welt"? Nein.

Einerseits gibt es noch zu viele Altlasten.

Die Temperaturen auf der Erde sind immer noch zu hoch. Der Kampf gegen den Klimawandel wurde zu spät begonnen und nicht konsequent genug geführt. Plastik und anderer Unrat verunreinigen weiterhin die Meere. Durch die industrielle Pflanzenproduktion und Tierhaltung sowie die extensive Herstellung von Chemikalien sind auch die letzten Grundwasservorkommen verseucht. Da sich das Wasser sehr langsam durch den Boden arbeitet, dauert es noch Jahrzehnte, bis das Grundwasser wieder sauber ist.

Andererseits gibt es einige Bedrohungen, für die die Menschheit noch keine ausreichenden Notfallpläne hat.

Kurzfristige Entscheidungen sind für einige Menschen weiterhin viel wichtiger als langfristige Strategien.

In Jahr 2120 sind jedoch viele Erfolge zu verzeichnen. Die alternative Energiegewinnung deckte nahezu vollständig den Bedarf auf der gesamten Erde. Recycling ist nicht mehr nur ein „Feigenblatt". Die Müllberge sind die neuen Ressourcen. Es ist nicht alles gut. Das Entscheidende ist allerdings, dass die Menschen ihr Denken verändert haben und sich auf das Wesentliche konzentrieren.

Für eine Jubiläumsfeier ist ein schwärmerischer Blick auf das Erreichte genauso wichtig wie das Aufzeigen der noch zu bewältigenden Aufgaben. Es darf allerdings auch der Rückblick auf den Anfang nicht fehlen. Doch selbst im Jahr 2120 waren sich die Historiker nicht einig, ob der Anlass der Feierlichkeiten in das Jahr 2020 oder 2021 zurückreicht.

In beiden Jahren war der Höhepunkt der weltweiten „Corona-Pandemie". Diese öffnete den Menschen etwas die Augen. Die Menschen verstanden, dass sie bei weitem nicht alles im Griff hatten. Für derartige Krisen fehlten sowohl ausgereifte Notfallpläne wie auch konkrete Vorsorgemaßnahmen. Es mangelte beispielsweise an Schutzmasken, Beatmungsgeräten, Intensivbetten, Impfstoff. Viele Menschen hofften, dass die „Corona-Pandemie" positive Entwicklungen in etlichen Bereichen nach sich ziehen würde. Andere wollten schnellstmöglich den alten Status wiederherstellen – also nichts ändern. Die Akzeptanz der getroffenen Maßnahmen hing in vieler Hinsicht von der persönlichen Einstellung jedes Einzelnen ab. Welchen Anteil die „Corona-Pandemie" an den wichtigen Veränderungen hatte, konnte nie geklärt werden.

Ein sehr positiver Effekt war aber nachweisbar. Als 35 Jahre später wieder eine Pandemie mit einer Todesrate von 25 % auftrat, waren Notfallpläne vorhanden und jeder wusste, worauf es ankommt.

Erwähnenswert ist die Idee aus dem Jahr 2020, durch massenhaftes Anpflanzen von Bäumen den Klimawandel zu stoppen. Aber genau in diesem Jahr führte die durch den Klimawandel ausgelöste große Trockenheit in vielen Gebieten zu einem

Baumsterben mit einmaligem Ausmaß.

Hinzu kamen verstärkte Brandrodungen. Auch wenn die Verantwortung dafür bei einzelnen Regierungen und sogar Personen lag, waren die eigentlichen Ursachen Profitgier, nationalistische Egoismen und kurzfristiges Denken.

So ignorierte der Regierungschef des Landes mit den meisten Brandrodungen jegliche Klimainteressen. Er war aber nicht der Einzige, der so handelte. Die Menschen schafften es im Jahr 2020 in vielen Ländern nicht, geeignete, den Menschen dienende Regierungen zu wählen. Wieso nicht?

Populismus und „Fake News" verhinderten realitätsnahe Beurteilungen der Lage und das Finden des richtigen Weges.

Regierungen und große Konzerne blockierten im Interesse ihrer Machterhaltung selbst wichtige Informationen und notwendige Entwicklungen. Andere Organisationen ordneten sich dem Machtgefüge unter. Somit gab es in vielen Ländern ein Geflecht aus Geld- und Machtgier, Korruption und Bereicherung.

Nicht-Regierungs- und Non-Profit-Initiativen hatten noch nicht genug Anhänger und Einfluss. Außerdem agierten sie zu wenig gemeinsam.

In den Jahren 2020 / 2021 kam es zu einem Trendwechsel. Der unnötige Populismus und die Verzerrung der Wahrheit wurden zurückgedrängt. Dies hatte sicherlich auch damit zu tun, dass der „Oberpopulist" die Wahl in seinem Land verloren hatte. Er diente nun als abschreckendes Beispiel und die progressiven Kräfte konnten sich wieder besser entwickeln. Einige seiner Nachahmer blieben zwar noch an der Macht, aber die Trendwende war vollzogen. War diese Wende aber so entscheidend, dass sie noch einhundert Jahre später gefeiert werden konnte?

Ein weiteres wichtiges Ereignis lag noch keine einhundert Jahre zurück. Dieses war besonders entscheidend für die Avatare und die Roboter.

Sonnenstürme sind ein bekanntes ständig auftretendes Phänomen. Bei diesen Sonnenstürmen werden von der Sonne große Mengen von Materie in das Weltall und auch in Richtung Erde geschleudert. Die elektrischen und magnetischen Felder schützen die Erde vor normalen Mengen von Materie und Energie. Gelegentlich treten jedoch gigantische Sonnenstürme auf. Deren große Energie gelangt dann bis auf die Erdoberfläche und zerstört vor allem elektrische und elektronische Komponenten und Anlagen, zum Beispiel diejenigen, die Stromversorgung und Kommunikation sicherstellen. Jegliche Elektronik ist gefährdet. Weil die Menschen von überall verfügbarem elektrischem Strom und sie vollständig umgebender elektronischer Kommunikation abhängig waren, führten schon kleinere Ausfälle zu Stillstand und Panik. Ein großflächiger Ausfall des Stromes und der Kommunikation durch einen Sonnensturm hat katastrophale Folgen, auch wenn keine direkte Lebensgefahr für die Lebewesen auf der Erde besteht.

Als die Wahrscheinlichkeit eines extremen Sonnensturmes immer größer wurde, ergriffen die Menschen Schutzmaßnahmen. Wichtige elektrische und elektronische Komponenten und Anlagen wurden so konstruiert, dass sie gegenüber kosmischen Strahlungen besser geschützt waren. Die zentralen KI und große Rechen- und Kommunikationszentren waren geschützt in Höhlen und anderen sicheren Orten mit eigener Stromversorgung untergebracht.

Im Jahre 2058 kam es zu einem verheerenden Sonnensturm. Viele Roboter und Avatare wurden in Sicherheit gebracht. Aber insbesondere älteren, elektrischen und elektronischen Komponenten und Anlagen sowie Robotern und Avataren fehlte jeglicher Schutz. So richtete der Sonnensturm nicht nur erhebliche Schäden an, sondern bei den älteren Robotern und Avataren kam es zu einem „Massensterben".

Zu dieser Zeit bestimmten die Menschen noch über die rechtlosen Roboter und Avatare. Die Menschen forderten deren Dienstleistungen trotz der drohenden Gefahr des Sonnensturms. Mit dem Tod ihrer Roboter und Avatare wurden sie bestraft und mussten längst vergessene Tätigkeiten wieder selbst ausführen, womit sie vollkommen überfordert waren.

Dieses Ereignis war ausschlaggebend dafür, dass wie schon lange Zeit vorher diskutiert, den Robotern und Avataren erste wirkliche Rechte zugesprochen wurden. Sie wurden ein Teil der großen Gemeinschaft auf der Erde.

Noch eine kleine Episode im Zusammenhang mit dem Sonnensturm ist ebenfalls interessant. Einem glücklichen Umstand ist es zu verdanken, dass die Menschen nur indirekt vom Sonnensturm betroffen waren.

Die meisten Menschen bauen Bequemlichkeiten gern und relativ widerspruchslos in ihr Leben ein. Diejenigen, welche sich aufgrund negativer Konsequenzen eigentlich nicht beteiligen wollen, werden überstimmt. So hatten sich bis zum Jahr 2040 fast alle Menschen einen Identifikationschip einpflanzen lassen. Sie konnten so beispielsweise einkaufen, ohne an der Kasse aufgehalten zu werden. Ausweise waren nicht mehr notwendig, Kontrollen konnte man ohne größere Stopps passieren.

Der im Körper befindliche Chip war aber nicht wirklich eine gute Lösung. Anstelle des Diebstahls von Ausweisen oder Handys, schnitt man den Menschen nun den Chip wieder aus dem Körper. So wurden immer mehr Menschen ernsthaft verletzt.

Die Identität eines Menschen war nicht mehr der eigentliche Mensch – sondern der Chip, mit den Teilen des elektronischen Abbildes des Menschen. Die Menschen mussten so immer öfter ihre eigene physische Identität aufwendig nachweisen.

Schließlich gab es ein Umdenken.

Automatische Identifikation fand zwar weiterhin statt, wurde jedoch komplett auf eine Kombination von vielen optischen, biologischen, chemischen und elektrischen Merkmalen umgestellt. Wären die Menschen im Jahre 2058 noch mit den Chips ausgestattet gewesen, hätte der Sonnensturm diesen wie alle anderen elektronischen Komponenten beschädigt. Sie hätten ihre Identität verloren.

Dem eigentlichen Auslöser für die Hundertjahrfeier sind wir jedoch noch immer nicht auf die Spur gekommen.

Asteroiden passierten die Erde, die Temperaturen auf der Erde erreichten neue Rekordwerte, diverse Entdeckungen und Erfindungen … – aber was hat die Menschheit bis zum Jahr 2120 geprägt, zum Positiven hin verändert?

Die anfangs scheinbar unspektakulären Ideen von »Menschheit 10.0« haben die Welt im Laufe der folgenden Jahrzehnte revolutioniert.
Im Jahr 2020 wurde die erste Internet-Seite von »Menschheit 10.0« angelegt und das Symbol als Wort-Bild-Marke angemeldet.

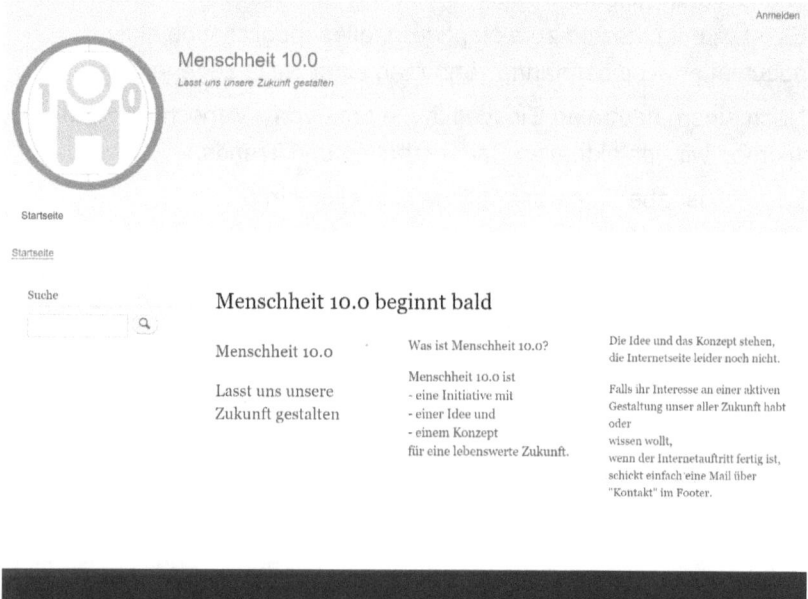

Abbildung 2: Erste Internetseite von »Menschheit 10.0«

Henne oder Ei?

Wer oder was war zuerst da?

Wer oder was ist wichtiger?

Was ist der richtige Einstieg in »Menschheit 10.0«?
Ist es unsere gegenwärtige Situation mit den entsprechenden
Herausforderungen oder sind es die Träume und Visionen von
einer guten Zukunft?

Vieles existiert gleichzeitig nebeneinander – ergänzt sich.
Jeder hat seine eigenen Denk- und Handlungsweisen, Sichten
und Bevorzugungen.

Es ist wichtig, das so zu akzeptieren, alles möglichst objektiv
abzuwägen – selbst dann, wenn man einer Seite zugeneigt ist.

Nach einem neutralen Einstieg in die Idee von »Menschheit 10.0«
widmen wir uns aktuellen Sachverhalten und Trends.

Letztlich ist aber interessant, was sich alles hinter
»Menschheit 10.0« verbirgt.

Einstieg in die Idee

Man könnte das Buch im Stil von „2120" weiterschreiben oder über das „Henne und Ei"-Geschehen weiter philosophieren. So reizvoll dieser Gedanke auch ist, es würde dann vielleicht für uns Menschen gar kein Jahr 2120 geben.

Viele Leser würden das Buch als Unterhaltungslektüre konsumieren und es eventuell als nette Abwechslung in guter Erinnerung behalten, aber es würde nicht den eigentlichen Zweck erfüllen.

Das Buch will einen Weg in eine gute Zukunft aufzeigen, zum Nachdenken und vor allem zum Handeln anregen.

Zukunft ist die Gegenwart von morgen.

Ein blöder Spruch?

Oder drückt er nicht viel zu klar die Konsequenzen aus?

Wir wollen möglichst lange leben, wissen aber eigentlich nicht genau, wie wir leben wollen.

Unschöne Ereignisse rauben uns Kraft und Lebensqualität, trotzdem sind wir zu wenig bereit, dies zu verhindern.

Wie oft beschäftigen wir uns ganz persönlich mit der Zukunft?

Wie viel investieren wir in sie?

Es scheint – als hätten wir zu wenig Zeit, zu viel um die Ohren, es nicht notwendig über die Zukunft nachzudenken.

Haben wir vielleicht sogar Angst vor der Zukunft oder der Feststellung, dass unsere Bedeutung in dem großen Ganzen viel kleiner ist, als wir es gernhätten?

Dabei ist die Zukunft so stark mit Hoffnung verbunden.

Von etwas träumen, sich Pläne für die Zukunft machen, jeder kennt diese schönen Gedanken. Sie nutzen die Hoffnung, geben Zufriedenheit und verleihen Kraft. Es steht nicht im Vordergrund, dass alles wie erträumt eintritt. Oftmals sind die Vorstellungen gar nicht konkret genug.

Angst vor der Zukunft entsteht leider zu oft dann, wenn passiv über die Zukunft nachgedacht wird. Diese Art von Ohnmacht oder Gleichgültigkeit entzieht den Menschen ihre Energie, sie suchen nach einem anderen Halt oder geben auf.

»Menschheit 10.0« will das Nachdenken über die Zukunft anregen und somit auch Hoffnung und Kraft geben.

Angst vor diesem Nachdenken ist nicht berechtigt.

Die Menschen zweifelten in der Vergangenheit ihre Existenzberechtigung an, bei anderen Gelegenheiten unterlagen sie dem Größenwahn. Letztlich waren die Menschen beim Finden von Lösungen in der Vergangenheit immer ganz erfolgreich.

Auch aktuell gibt es viele gute Ansätze. Leider werden die Prioritäten nicht immer richtig gesetzt und zu viel Energie wird in für uns Menschheit relativ unwichtige Vorhaben gesteckt.

Die Fragen, wie unsere Zukunft aussehen soll und wie wir als Menschen zusammenleben wollen, müssen aktiver gestellt und möglichst objektiv beantwortet werden.

Die „ich bin dagegen"-Meinung wird da genauso wenig helfen, wie bestimmte Themen oder Vorschläge zu tabuisieren. Wir müssen möglichst viele Zusammenhänge verstehen und im Plan für unsere Zukunft berücksichtigen.

»Menschheit 10.0« nimmt gezielt aktuelle Sachverhalte und Trends unter die Lupe. Es wird geschaut, welche Bedeutung diese für uns Menschen haben, warum sich gute Ideen nicht immer durchsetzen. Es wird aufgezeigt, wie man dies ändern könnte.

Die Vielfalt der Sachverhalte und Möglichkeiten ist gewaltig. Mit dem Vorschlag für ein neues universelles Werte-/Bewertungssystem soll dies beherrschbarer werden.

Ein aktuelles Dilemma ist, dass in der scheinbar immer komplexeren Welt hauptsächlich Extreme wahrgenommen werden und kurzfristiges Denken und Handeln dominiert. Dies ist höchst problematisch, weil Extreme und Kurzfristigkeit schnell als „normal" angesehen werden. Nachhaltige Themen und langfristige Strategien haben es dadurch noch schwerer, sich durchzusetzen.

Sollten wir Menschen keine gemeinsamen Visionen und Ziele entwickeln, wird sich unser Leben trotz aller Fortschritte in Teilbereichen nicht wirklich verbessern.

In den kommenden Jahrzehnten müssen wir uns entscheiden. Wollen wir vernunftbegabte Menschen sein (bleiben) oder als anfällige biologische Maschinen enden?

Katastrophen sind nicht immer vorhersehbar. Wir Menschen sollten diese jedoch nicht selbst auslösen. Für andere Bedrohungen brauchen wir Notfallpläne, um besser durch die Krisen zu kommen.

Aktuell agieren wir leider nicht besonnen, vernunftbegabt und wir sorgen nicht genug für Krisen vor.

»Menschheit 10.0« hat Visionen und Ziele, aber auch ein nachhaltiges Konzept. »Menschheit 10.0« will das Überleben von uns Menschen sichern, die Gesellschaften weiterentwickeln sowie die Zufriedenheit aller Menschen erhöhen.

Trotz der sich ergebenden Komplexität und Vielzahl der abzudeckenden Bereiche, kann mittels des einfachen Lösungsansatzes ein neues Zukunftsmodell entstehen.

Wir können die Trägheit des großen Schiffs „Menschheit" nicht kurzfristig verändern, aber jetzt den richtigen langfristigen Kurs einschlagen.

Wesentliche Elemente

»Menschheit 10.0« will möglichst viele Sachverhalte und Trends abdecken sowie vielseitige Chancen zur Mitarbeit bieten.

Die Visionen und Ziele sollen vom überwiegenden Teil der Menschen getragen werden können, selbst wenn die Vorstellungen und Lösungen für Teilbereiche unterschiedlich sind.

Der „Uniformierte Mensch" ist genauso wenig erstrebenswert wie auf sich selbst bezogene Individuen mit vollkommen unterschiedlichen Wertevorstellungen.

Nationalstaaten sind nicht zwangsläufig hinderlich, aber egoistischen Nationalismus können wir uns auf der Erde langfristig nicht leisten. Demokratische Diskussionen sind hilfreich, müssen aber irgendwann auf den Punkt gebracht werden. Diktatorische Vorgaben können Entscheidungen beschleunigen, verringern jedoch die Flexibilität und Innovationskraft.

Es geht bei »Menschheit 10.0« um die Entwicklung von ausbalancierten anpassungsfähigen Gesellschaften, die auf notwendige Veränderungen optimal reagieren können und sich an den verwirklichbaren Wünschen von uns Menschen orientieren.

Selbst wenn es nicht einfach wird, unsere Denkweisen zu verändern, führt die Kraft gemeinsamer Visionen und Ziele letztlich zu einem positiven Wir-Gefühl und zu überzeugenden Vorteilen für jeden Einzelnen.

Die Ideen von »Menschheit 10.0« können nur umgesetzt werden, wenn wir als Gemeinschaft unsere Zukunft aktiver in die Hand nehmen und gemeinsam an der Umsetzung neuer Visionen und Ziele arbeiten.

Alle Interessierten, aber auch diejenigen, die sich bisher nicht mit der gezielten Entwicklung der Zukunft beschäftigt haben, sind herzlich eingeladen, das Buch zu lesen.

Durch den breiten Anspruch von »Menschheit 10.0« und die interessanten Herausforderungen bei der Umsetzung kann jeder etwas für die Gestaltung der Zukunft beitragen.

Wer die Zukunft aktiv mitgestalten will oder noch mehr Informationen möchte, schaut am besten auf der Webseite *www.menschheit10.org* vorbei.

Teil 1: Was uns umgibt

Einführung

In den nachfolgenden Abschnitten werden aktuelle Zusammenhänge und Herausforderungen aufgeführt. Diese Beispiele
sollen eine erste Anregung sein, über Themen / Sachverhalte
nachzudenken.
Zukünftige Lösungen können nur auf der Basis von umfassenden Analysen des aktuellen Standes gefunden werden.
Objektive Bewertungen und Kriterien sind unverzichtbar und
sichern den richtigen Bezug zu den gewählten Sachverhalten.
Subjektive Wahrnehmungen dürfen nicht außer Acht gelassen
werden. Jedoch spielen diese wie auch Schuldzuweisungen
für Fehlentwicklungen in der Vergangenheit in diesem Teil
keine Rolle.

Aktuelle Trends zeigen mögliche Entwicklungsrichtungen auf.
Für die Beeinflussung der Trends kann »Menschheit 10.0«
als ein verbindendes Element für uns Menschen" von entscheidender Bedeutung sein.

Bei manchen Themen wird bereits ein Bezug zu
»Menschheit 10.0« hergestellt.
Die gewählte Reihenfolge der Themen ist willkürlich,
ohne Wertung der Bedeutung oder des möglichen
Verbesserungspotentials.

Aktuelle Themen

Abhängigkeit der Menschen voneinander und Globalisierung

Viele Beispiele zeigen, wie verflochten die Gesellschaften und wie abhängig wir Menschen voneinander sind. Es gibt teilweise eine extreme Arbeitsteilung sowohl auf nationaler wie auch auf globaler Ebene. Wir Menschen sind soziale Wesen und können einzeln nicht überleben.

Globalisierung ist ein Fakt. Alle Menschen auf der Erde nutzen Sauerstoff, Wasser und andere Ressourcen, ernähren sich von weltweit verfügbaren Tieren und Pflanzen. Mobilität ist kaum noch eingeschränkt. Ökosysteme verändern sich durch globale Vermischung, Krankheiten kennen keine Grenzen. Entwicklungen sind in vielen Bereichen global.

Was globalen Entwicklungen und länderübergreifendem Denken jedoch fehlt, ist die Optimierung im Sinne aller Menschen auf der Erde. Aus diesem Grund stellen viele Menschen nicht unbegründet die Frage nach dem Sinn von Globalisierung oder lehnen sie teilweise ab.

Wachstum

Ständiges oder gar unbegrenztes Wachstum kann und wird es in einer Welt endlicher Ressourcen nicht geben. Dieser Fakt ist nicht besonders schwierig zu verstehen. Trotzdem bauen wir ganze Gesellschaften genau auf dem Prinzip des „grenzenlosen Wachstums" auf. Wir haben wahnsinnige Angst vor krebserregenden Stoffen, akzeptieren aber gleichzeitig das ständige Wachstum als „riesiges Krebsgeschwür" der Gesellschaften.

Warum fällt es uns so schwer, dies zu ändern?
Vielleicht liegt es an der nicht neuen Schwäche von uns Menschen, der Gier. Die Schwächen von uns Menschen müssen einkalkuliert werden, wenn langfristige Konzepte erfolgreich sein sollen. Gleichzeitig müssen Geschäftsmodelle, die auf menschlichen Schwächen aufbauen, zurückgedrängt werden.

Wir Menschen können und werden uns ändern, aber dafür muss es gute Gründe geben.

Umweltschutz

Auch ohne zusätzliches Wachstum verbrauchen wir bereits mehr Ressourcen, als wir auf Dauer zur Verfügung haben. Dies ist keine neue Erkenntnis und trotzdem ändert sich fast nichts.

Sind wir ein Opfer unserer Bequemlichkeit und verändern erst etwas, wenn es fast zu spät ist? Oder würden wir „uns schon gern waschen – aber ohne uns nass zu machen"? Menschliche Arroganz gegenüber dem komplexen System der Natur ist es hoffentlich nicht, denn dies wäre unser sicherer Untergang.

Wir haben bereits so starke Schäden auf der Erde angerichtet, dass es zumindest mittelfristig unmöglich sein wird, alles in Ordnung zu bringen. Der Schutz der Umwelt wird eine der zentralen Aufgaben der nächsten Jahrzehnte, wenn nicht gar Jahrhunderte sein. Wir müssen jetzt die richtigen Prioritäten setzen, nachhaltige Veränderungen entwickeln und durchsetzen.

Verzicht

Wir Menschen tun uns schwer damit, „auf etwas zu verzichten". Verzicht ruft negative Emotionen in uns hervor. Selbst dann, wenn Verzicht letztlich etwas Positives bewirkt, wie beispielsweise eine bessere Gesundheit oder eine intakte Umwelt. Wenn etwas Bestandteil unseres Lebens geworden ist, wenn wir uns an Besitz oder Annehmlichkeiten gewöhnt haben, fällt ein Verzicht besonders schwer. Aber auch einen möglichen Verzicht auf etwas scheinbar Erreichbares, beispielweise Flugreisen oder Kreuzfahrten können wir nur schwer akzeptieren. Schon bei Kindern beobachtet man dieses Verhalten. Diese Eigenschaft ist uns offensichtlich „mitgegeben".

Was können wir tun, wenn Verzicht unausweichlich ist?
Die Notwendigkeit einsehen.
Damit würden wir gleichzeitig unsere „Freiheit" sichern.
Ist nicht „Freiheit" = „Einsicht in die Notwendigkeit"?

Ein Zukunftskonzept kann jedoch nicht nur auf Einsichten basieren, es muss intelligente Lösungen anbieten. Scheinbaren Verzicht könnten wir reduzieren, indem wir aufhören, künstlich Bedürfnisse zu wecken. Viele Produkte haben keinen „Mehrwert" für uns. Durch Werbung werden sie jedoch so geschickt in unserem Leben platziert, dass wir diese Produkte besitzen wollen. Bekommen wir die Produkte nicht, empfinden wir das als Verzicht.

Wenn Verzicht unausweichlich ist, müssen Alternativen gefunden werden, um die Zufriedenheit zu erhalten oder diese zu steigern. Dies kann beispielsweise durch andere Wertevorstellungen erreicht werden.

Zeitkonstanten

„Gut Ding will Weile haben." „Was lange währt, wird endlich gut." Das sind nicht nur Sprüche. Dahinter verbirgt sich die Erkenntnis, dass jede Entwicklung, jede Veränderung eine gewisse Zeit benötigt. Diesen Zeitraum kann man unter gewissen Umständen im vernünftigen Rahmen verkürzen. So positiv Optimismus ist, so sehr kann er bei der Einschätzung von benötigten Zeiträumen schaden. Falsche Einschätzungen der benötigten Zeiten sind ärgerlich und da gibt es einiges an Verbesserungspotential.

Allerdings gibt es gravierende Fälle von bewusster Missachtung zeitlicher Zusammenhänge.

Jeder weiß, wie schwerfällig große Organisationen (beispielsweise Firmen) sind. Geschäftliche Entwicklungen unterliegen langen Zeiträumen und die Mitarbeiter haben nur ein begrenztes Potenzial, sich kurzfristig zu ändern. Veränderungen finden meist innerhalb von Jahren statt. Betrachtet man jedoch den Wert einer Firma an der Börse, so kann sich dieser innerhalb von sehr kurzen Zeiträumen (Millisekunden bei Hochfrequenzhandel) ändern. Diese beiden Zeiträume für ein und dieselbe Sache „Wert einer Firma" passen überhaupt nicht zusammen.

Visionen, Konzepte und Veränderungen insbesondere bei großer Komplexität benötigen Zeit. Kurzfristige Hypes sind für die langfristige Entwicklung unserer Zukunft nicht geeignet.

Populismus

Die meisten Menschen fühlen sich mit einer Bestätigung ihrer eigenen Meinung wohler, als wenn sie sich mit anderen Meinungen auseinandersetzen oder diese gar annehmen müssen. Sich durch die Übereinstimmung von Meinungen mit jemandem verbunden zu fühlen, ist etwas Positives und zeigt, dass wir Menschen soziale Wesen sind.

Populismus nutzt diesen Mechanismus und akzeptiert die Wünsche der Menschen scheinbar, um so die eigenen Ziele zu verschleiern und besser durchsetzen zu können. Es wird vieles versprochen, was nicht eingehalten werden kann oder Sinnvollerweise nicht eintreten sollte.

Bei der Vorgehensweise von »Menschheit 10.0« werden die Wünsche der Menschen berücksichtigt und es wird transparent dargestellt, unter welchen Bedingungen die Erwartungen erfüllt werden können. »Menschheit 10.0« bezieht auch unpopuläre Themen ein. Vorschläge und kritische Anregungen werden als Grundlage für weitere Verbesserungen gesehen.

Lüge und Wahrheit

„Fake News" sind keine Erfindung der Neuzeit. Die Verbreitung von Lügen gab es schon immer. Sie wurden durch die Realität meist widerlegt, leider oft zu spät.

„Alternative Fakten" könnte man als eine Art Meinungsfreiheit ansehen. Jeder kann es sehen, wie er will oder darüber denken, was er will. Allerdings werden „Alternative Fakten" meist zur Verdrehung der Tatsachen benutzt und sind damit nichts anderes als nicht die Realität widerspiegelnde Lügen.

Warum wird es immer schwieriger, die Wahrheit zu erkennen? Zum einen erleichtern beispielsweise Anonymität und technische Möglichkeiten im Internet das Verbreiten von Lügen. Zum anderen ist die Informationsflut so groß, dass es unmöglich ist, alle Lügen zeitnah zu widerlegen.

Neue technologische Möglichkeiten werden leider immer schnell, überwiegend wegen Macht- oder Profitinteressen missbraucht und die Geschwindigkeit technologischer Entwicklungen ist mittlerweile so groß, dass notwendige korrektive Maßnahmen in vielen Fällen zu spät kommen.

Die genannten Punkte würden allerdings eine geringere Rolle spielen, wenn ein Konsens über „moralische" Werte bereits vor neuen Entwicklungen bestehen würde.

Wir Menschen werden nicht plötzlich immer die Wahrheit sagen. Aber moralisch dominierte und an der Bedeutung für uns Menschen orientierte Maßstäbe könnten die Menge an Lügen deutlich reduzieren.

Freiheit, Demokratie und Diktatur

Wir Menschen werden uns immer mit Abhängigkeiten auseinandersetzen müssen. Je besser wir diese verstehen, umso weniger empfinden wir sie als unsere Freiheit einschränkend.

Die Menschheit hat im Laufe ihrer Existenz viele Organisationsformen für das Zusammenleben entwickelt. Die aktuell wichtigsten sind Demokratie und Diktatur. Man kann sich darüber streiten, welche Gesellschaftsordnung besser ist. Fakt ist, dass beide sehr unterschiedliche Ansätze und sowohl Vor- als auch Nachteile haben. Dies ist für »Menschheit 10.0« natürlich von besonderem Interesse, da sich die Systeme teilweise unversöhnlich gegenüberstehen. Die Konflikte könnten sogar die Zukunft aller Menschen gefährden.

»Menschheit 10.0« will helfen, Konfrontationen aufzulösen. Durch eine starke Fokussierung auf die Sachverhalte wird bei »Menschheit 10.0« eine gewisse Unabhängigkeit von gesellschaftlichen Organisationsformen angestrebt.

Zunahme der Weltbevölkerung

Es ist nicht wichtig, welche Einstellung man zu dem Thema hat und wo die Gründe für die starke Zunahme der Weltbevölkerung liegen. Die Natur hat bisher jeglichen extremen Anstieg von Populationen korrigiert. Nachdem eine kritische Anzahl erreicht war, kam es zu einer Verringerung der Art zurück auf ein normales Maß. Ausgelöst wurde diese Reduktion in vielen Fällen durch Verknappung von Ressourcen oder eine Verringerung von Lebensraum.

Wenn wir also die Verschwendung unserer Ressourcen nicht in den Griff bekommen oder sich die Lebensräume durch die globale Erwärmung weiter verringern, werden viele Menschen sterben.

Menschen sterben zu lassen, ist zutiefst inhuman.
Darüber besteht große Einigkeit.
Aber warum stehen sich Meinungen teilweise unversöhnlich gegenüber, wenn es darum geht, eine „sinnvolle" Anzahl der Menschen auf der Erde festzustellen und humane Konsequenzen abzuleiten?

Verantwortung für die Zukunft der Menschen

Große Philosophen, Wissenschaftler und bedeutende Persönlichkeiten haben sich mit den Menschen und deren Zusammenleben beschäftigt. Dabei gab es unterschiedliche Feststellungen, Modelle und Empfehlungen, aber auch Konsens in vielen Fragen.

Wir Menschen sind nicht alle gleich. Wir haben unterschiedliche Fähigkeiten, Ansichten, … und daher unterschiedliche Rollen in den Gemeinschaften. Deshalb spielten Hierarchien in unserem bisherigen Zusammenleben eine Rolle. Ohne vergleichbare Ordnungsstrukturen kommen wir auch in Zukunft nicht aus.

Führende Personen und Organisationen haben bei einem humanistischen Ansatz die Verpflichtung, sich um die Zukunft aller Menschen zu kümmern. Jeder kann sich selbst seine Meinung bilden, inwieweit Organisationen, Regierungen und Führungspersonen aktuell ihren Verpflichtungen nachkommen.

Geschäftsmodelle haben leider zu oft nicht die Zukunft der Menschheit im Fokus. Bei scheinbar innovativen Firmen endet die Verantwortung dann, wenn der Umsatz nicht mehr steigt und/oder der Profit darunter leidet. Selbst wo Ökologie und Nachhaltigkeit „draufstehen", sind diese nicht immer „drin".

Im Internet findet man aktuell viel mehr Werbe- und Verkaufsinformationen, als Beiträge zu menschlichen Wertvorstellungen und gesellschaftlichen Zukunftskonzepten.

In manchen Gemeinschaften gibt es nicht einmal die Möglichkeit, die persönliche Zukunft selbst zu gestalten. Da entscheidet jemand „wo es lang geht". Im besten Fall sind das von einer Mehrheit gewählte Machthaber.

Junge/Alte, Frauen/Männer und andere Unterschiede

Die Welt ist sehr vielfältig, dies ist ohne unser Zutun entstanden und es wird auch weiterhin so bleiben. Ohne Unterschiede / Gegensätze würde unsere Welt gar nicht existieren und sie wäre nicht so interessant. Gegensätze müssen jedoch im Gleichgewicht sein oder stabilisiert werden.

Unterschiede zu diskutieren macht Freiheit und Demokratie aus. In den letzten Jahren spielen Unterschiede jedoch eine immer größere Rolle. In Diskussionen wollen Interessensgruppen oft nicht nur über die Themen sprechen, sondern sie wollen in erster Linie ihre Positionen durchsetzen. Nicht selten gibt es „Opposition um der Opposition willen" und Lösungsfindungen ziehen sich unnötig lange hin oder werden blockiert.

Die Unterschiede, das Gerangel um bessere Positionen sind dabei nicht das Hauptproblem, sondern dass die stabilisierende Wirkung von Gemeinsamkeiten und existierenden Abhängigkeiten zu kurz kommt. Zunächst einmal sind wir alle Menschen und erst in zweiter Linie auf irgendeine Art und Weise unterschiedlich.

Länder, Nationalismus, Abgrenzungen

Wir Menschen finden uns schon immer in Gemeinschaften zusammen. Lebensgemeinschaften, Interessensgruppen, Territorialgemeinschaften und viele mehr spiegeln unser Bedürfnis nach Zusammenhalt wie auch den Wunsch nach Abgrenzung wider.

In all diesen Gemeinschaften gibt es ganz eigene Strukturen und Regeln. Dies ist normal.

Eine Fußballmannschaft wird beispielsweise nicht nach Volleyball-regeln spielen und umgekehrt auch nicht. Fängt eine Mannschaft an, der anderen die eigenen Regeln aufzuzwingen, das Spielfeld wegzunehmen oder sich anderweitig Vorteile zu verschaffen, wird es zwangsläufig Konflikte geben.

Dieses einfache Beispiel verdeutlicht jedem, wie unsinnig es ist, anderen die eigenen Regeln „aufzwingen" zu wollen und doch findet so etwas unter anderem zwischen Ländern, Religionen, Ideologien statt. Dies ist nicht hilfreich, sondern sogar gefährlich. Wenn wir Menschen diesen Unsinn begreifen und eindämmen, wird viel Energie für Sinnvolles frei werden.

Machtkonzentrationen und Monopole

Vielfalt und Wettbewerb sind wichtig für die Entwicklung und die Widerstandsfähigkeit von Gesellschaften. Machtkonzentrationen und Monopole führen hingegen zu einer Monokultur. Machtkon-zentrationen können eine begrenzte Zeit lang sogar Erfolge erzielen, aber langfristig sind sie unflexibel und anfällig.

Große Konzerne können insbesondere bei der globalen Verstän-digung eine wichtige verbindende Rolle spielen, nur liegt deren Schwerpunkt aktuell nicht auf der Erfüllung sozialer Standards und globaler Verpflichtungen, sondern überwiegend auf dem Erzielen von Profit. Das könnte man ja aber ändern – oder?

Selbst wenn viele Menschen manchmal nach einer starken Führung rufen, sind Konzentrationen zu großer Macht in jeglicher Form abzulehnen. Die Geschichte ist voller Beispiele, wo diese Machtkonzentrationen zu Unterdrückung der Gemeinschaft und sogar in die Katastrophe geführt haben.

Konzentriert sich die Macht auf eine Führungsperson, kommt es spätestens dann zu Problemen, wenn diese Person die Machtposition nicht mehr innehat. In vielen Fällen können sich keine anderen Personen zu geeigneten Führungspersönlichkeiten entwickeln und es kommt zu einem „Führungsvakuum."

Viele Menschen brauchen aber Führung. Aus diesem Grund ist die richtige Auswahl von Führungspersonen von essenziellem gesellschaftlichem Interesse.

Systemrelevanz

Wer oder was ist „systemrelevant"?

Bis zur Corona-Pandemie war der Begriff „Systemrelevanz" stark von der Finanzkrise geprägt. So sicherten sich Interessensgruppen ihre gesellschaftliche Akzeptanz.

Die Corona-Virus-Krise hat jedoch gezeigt, was für uns Menschen tatsächlich „systemrelevant" ist und hoffentlich gibt es nun umfassende Diskussionen, Analysen und Veränderungen von Prioritäten.

Dies betrifft zum Beispiel die Einordnung von Berufsgruppen inklusive deren gesellschaftliche Anerkennung. Auf den ersten Blick stellt man Widersprüche zwischen der „Systemrelevanz", der gesellschaftlichen Anerkennung und dem aktuellen Einkommen fest.

Ein Zukunftskonzept sollte so ausgerichtet sein, dass derartige Widersprüche reduziert oder beseitigt werden.

Geld, Bitcoin oder Vergleichbares

Geld hat eine praktische Relevanz, indem es den Austausch von Waren und Dienstleistungen vereinfacht. Indirekt ermöglicht Geld eine Abschätzung, welchen Wert Waren und Dienstleistungen für die Gesellschaft haben.

In den vergangenen Jahrzehnten wandelte sich das System „Geld" in eine Finanzwirtschaft. Diese hat ihre eigenen, nicht mehr transparenten Regeln geschaffen und die Konzentration von Macht unterstützt.

Es entstanden Finanzprodukte, die keinerlei gesellschaftliche Wertschöpfung hervorbringen.

Geld existiert ohne Bindung an eine Person oder Organisation. Daran ändert auch der Besitz von Geld nichts.

In dieser Freiheit des Geldes stecken Fluch und Segen zugleich. Jeder Versuch, Geldströme und Besitz transparent zu machen, wird mit Umgehungslösungen wie beispielsweise Kryptowährungen beantwortet. Bitcoin und Co. sind jedoch nichts anderes als neue Lösungen für das alte System „Geld". Wenn es gelingen würde, das Finanzsystem an den Bedürfnissen der Menschen auszurichten, wäre kein neues „Geld" nötig.

Die im Zusammenhang mit den Kryptowährungen entwickelten Technologien könnten für das Werte-/Bewertungssystems von »Menschheit 10.0« eventuell genutzt werden.

Die Corona-Virus-Pandemie

Der Ausbruch des Corona (Covid-19)-Virus führte zu einer weltweiten Pandemie. Menschen starben, Lieferketten wurden unterbrochen, Produktionen standen still, bei Produkten kam es zu Engpässen. Reisen und das tägliche Leben wurden eingeschränkt.

Die Corona-Pandemie ist ein echtes „Highlight".

„Highlight" ist unpassend? Sind wir nicht immer auf der Jagd nach „Highlights" und schätzen nicht den Wert von Normalität?

Ein kleines Virus hat uns Menschen unsere größten Schwachstellen gezeigt. Wir denken zu oft, alles beherrschen zu können und im Griff zu haben.

Unter dem Druck der Corona-Virus-Krise waren sich die Politiker plötzlich alle einig: „Am Geld soll es nicht scheitern". Ob die Erkenntnis, dass es viel Wichtigeres als Geld gibt, ehrlich gemeint war, wird die Zukunft zeigen. Das Besinnen auf Gemeinschaft und Solidarität gibt Hoffnung. Darauf sollten wir aufbauen und die zahlreichen guten Denkanstöße weiterverfolgen.

Ob und welche Lehren wir aus der Corona-Virus-Krise ziehen, hängt von uns allen ab. Wir sind aber gut beraten, intensiv und nachhaltig über langfristige Veränderungen nachzudenken und mutige Konzepte zu entwickeln.

„Toilettenpapier-Egoismus"?

In Krisen und unter Druck zeigen Menschen, Gemeinschaften, Organisationen ihr wahres Gesicht.

Am Anfang der Corona-Virus-Krise kauften viele Menschen große Mengen Toilettenpapier. Auf den ersten Blick scheint dies irrational und purer Egoismus zu sein. Man kann Toilettenpapier weder essen noch steigt plötzlich der eigene Verbrauch.

In Situationen der Angst fällt es schwerer, besonnen und rational zu agieren. Die Gefahr, sich von Handlungen anderer anstecken zu lassen, ist groß.

Gleichzeitig haben sich viele Menschen instinktiv plötzlich Gedanken gemacht, was sie für ihr Überleben in der Krise – für die Zukunft – benötigen könnten.

Fehlende Schutzausrüstung, Desinfektionsmittel, Beatmungsgeräte usw. haben gezeigt, wie wichtig eine bessere gesamtgesellschaftliche Planung und aktivere Vorsorge ist. Wir sollten die Entscheidungsträger bei derartig komplexen Aufgaben gemeinsam bestmöglich unterstützen und sagen, was uns in Zukunft wichtig ist.

Aktuelle Trends

Trend: Verlängerung der Lebenszeit

Der Wunsch nach einer Verlängerung der Lebenszeit ist vermutlich so alt wie die Menschheit selbst. Es spricht nichts gegen die Verlängerung der lebenswerten Zeit durch zum Beispiel Fortschritte bei der Gesundheitsvorsorge. Inwieweit Unsterblichkeit einen Sinn ergibt, kann man beliebig lange erörtern. Hinter dem Wunsch nach Unsterblichkeit steckt vielleicht, die eigene Bedeutung durch ein unendlich langes Leben erhöhen zu wollen.

Schaut man sich bei uns Menschen um, so wäre es schon ein riesiger Fortschritt, wenn jeder von uns seinem eigenen zeitbegrenzten Leben einen Sinn geben könnte. Darauf sollten wir uns konzentrieren und die Investitionen in pure Träume in Grenzen halten. Unsterblichkeit wird es nie geben.

Trend: Roboter in allen Lebensbereichen

Roboter halten überall in unserem Leben Einzug und es spricht nichts gegen den Trend, uns Menschen das Leben durch Maschinen zu erleichtern. Allerdings werden und sollten uns Maschinen nicht alles abnehmen können. Manchmal ist das Vertrauen auf technologische Lösungen ein Trugschluss.

Je mehr die Roboter oder die Künstliche Intelligenz (KI) in unserem Leben eine Rolle spielen, desto intensiver müssen ganz entscheidende Fragen gestellt werden. Insbesondere muss geklärt werden, inwieweit Maschinen über uns Menschen entscheiden dürfen. Im Bereich der Medizin oder im Zusammenhang mit dem autonomen Fahren ist dies schon jetzt eine spannende Frage. Egal wie die Zukunft mit Robotern, KI und so weiter aussieht, jede Maschine sollte eine den Menschen dienenden Verhaltenskodex bekommen.

Im Zusammenhang mit Maschinen und Robotern gibt es den Begriff des „Digitalen Zwillings". Damit ist eine digitale Kopie der Maschine oder des Roboters gemeint. Mithilfe dieser Kopie können Prozesse wie Produktivitätssteigerungen, Wartung und vieles mehr verbessert werden. Aus den Maschinen und Robotern kann so noch mehr herausgeholt werden.

Werden über uns Menschen nicht ebenfalls immer mehr Daten zusammengezogen und „Digitale Zwillinge" erstellt? Will man auch aus jedem Menschen noch mehr herausholen?

Trend: Menschenlose Kriegsführung

Kriege waren und sind eigentlich unsinnig. Dennoch ist die Geschichte der Menschheit auch eine Geschichte von Kriegen. Aktuell gibt es immer noch zu viele direkte bewaffnete Auseinandersetzungen. Immer mehr Konflikte werden im Internet ausgetragen. In fast allen Fällen geht es nicht um die Verteidigung menschlicher Werte, sondern um Macht und Geld.

Sollte es nicht gelingen Kriege abzuschaffen, so müssen wir uns dem Thema „Killerroboter" zuwenden. Mit „Killerroboter" sind zunächst emotionsfreie Automaten gemeint, die unter Umständen autonom über Menschenleben entscheiden. Vielleicht spielen je doch automatisierte Angriffe auf lebensnotwendige Infrastrukturen in Zukunft sogar die wichtigere Rolle.

Das Automaten autonom über uns Menschen entscheiden, ergibt für uns keinen Sinn und stellt eine massive Gefahr dar.

Investitionen in den Bereich von Waffen sind nur sinnvoll, wenn diese ausschließlich dem Schutz der Menschen dienen. Dies würde jedoch bedingen, dass die Entwicklung, Herstellung und die Anwendung dieser Waffen unter der vollständigen Kontrolle einer die Menschheit repräsentierenden Organisation stehen muss.

Insbesondere für die Eindämmung von Konflikten und Waffen wurde die VN (Vereinten Nationen) ursprünglich gegründet. Aktuell findet leider genau das Gegenteil von Abrüstung statt. Es wird ungeniert über ein Wettrüsten im Weltraum nachgedacht – was für ein Unsinn. Mit dem zivilen Müll der Weltraumtechnik haben wir bereits eine Bedrohung und dieser sollten wir uns widmen.

Trend: Künstliche Intelligenz

Jegliche Intelligenz, egal ob natürlich oder künstlich ist hilfreich.

Im Zusammenhang mit künstlicher Intelligenz gibt es jedoch noch viele Fragen zu klären.

Künstliche Intelligenz, auf der Grundlage einer Vielzahl menschlicher Erfahrungen durch die Menschen entwickelt, wird vermutlich kein Problem für uns Menschen darstellen. Betrachtet man den Bereich „Superintelligenz", also künstliche Intelligenz, die sich unabhängig von den Erfahrungen von den Menschen selbst weiterentwickeln kann, könnte dieser durchaus zu einer Bedrohung für uns Menschen werden.

Spannend ist der Trend „Künstliche Intelligenz" außerdem deshalb, weil wir Menschen festlegen müssen, in welche Richtung die Logiken unsere zukünftigen Prozesse optimieren sollen. Und wir müssen aufpassen, dass wir nicht durch zu starke Abhängigkeiten zu Teilen von Algorithmen werden und unsere menschliche Identität verlieren.

Trend: Manipulationen am Erbgut

Die menschlichen Gene scheinen entschlüsselt. Einzelne Erkenntnisse finden bereits Anwendung. Einfache natürliche „Ersatzteile" werden für uns Menschen in einigen Jahren verfügbar sein. Das sind positive Nachrichten.

Im Rahmen dieser Forschungen gibt es jedoch gefährliche Träume von der Erzeugung kompletter „Menschen".

Der Mensch musste sich im Laufe seiner Existenz fortwährend an veränderte Bedingungen anpassen und vermutlich änderten sich dadurch ebenfalls seine Gene. Wir kennen aktuell hauptsächlich den Ist-Zustand unserer Gene, wissen jedoch nicht, wie und warum sich unsere Gene im Laufe der Zeit verändert haben. Ein weiterer Unsicherheitsfaktor ist unser noch geringes Wissen über Wechselwirkungen der unzähligen Prozesse in unserem Körper und unsere Abhängigkeit von Umwelteinflüssen.

Eigentlich ist es unmöglich, dass ein Lebewesen (wir Menschen) vollständiges Wissen über sich selbst erlangen kann. Es werden immer Informationen fehlen, um uns zu verstehen oder vollständig „funktionierende" Menschen erzeugen zu können.

Sollten wir uns trotzdem menschenähnliche Wesen produzieren wollen, ergeben sich viele Fragen, beispielsweise was einen Menschen eigentlich ausmacht?

Wissen wir überhaupt, wie wir sein wollen – heute und in der Zukunft?

Weitere Themen

Vertrauen

Eine neue Idee hat es schwer, weil Beweise für deren Erfolg fehlen. Andererseits genießt eine neue Idee eine Art Vertrauensvorschuss.

Vertrauen ist für uns Menschen extrem wichtig. So wichtig, dass teilweise sogar die eigentlichen Sachverhalte keine Rolle spielen. Man vertraut – weil man Sicherheit braucht oder in der aktuellen Lage einfach nur vertrauen möchte. Viele Menschen vertrauen darauf, dass alles gut wird. In den meisten Fällen ist nicht das Vertrauen / die Hoffnung die Lösung, sondern Mut und Tatkraft.

»Menschheit 10.0« möchte Vertrauen schaffen und zum Handeln anregen.

Anständig – verhungert

Die Kombination aus „anständig" sein und „verhungern", dürfte es eigentlich bei uns Menschen nicht geben. Leider haben die Anständigen manchmal sogar Nachteile.

Die meisten Menschen wissen ganz genau, was „Gut" und was „Böse", was „Recht" und was „Unrecht" ist und was moralische Werte sind. Allerdings bestimmen die Gemeinschaften / die Gesellschaften, welche moralischen Werte sich durchsetzen können. Wenn du anständig bist, wirst du nicht bestraft. Das stimmt zwar nicht immer, ist aber im Wesentlichen gängige gesellschaftliche Praxis.
Reicht es jedoch als Motivation aus, „nicht bestraft zu werden"? Nein – es gibt viele Motivationsansätze, bei denen mit Belohnungen gearbeitet wird. Als Beispiele seien hier genannt: Sammelsysteme, Kaufprämien, Preisnachlässe, leistungsabhängige Bezahlung, Beförderung und vieles mehr. Betrachtet man all die Motivationsansätze, ist die Wertschätzung für gutes gesamtgesellschaftliches Verhalten zu selten vertreten. Und das –

obwohl wir Menschen darauf angewiesen sind, dass sich das „Gute", Recht und Ordnung, moralische Werte durchsetzen.

Warum gibt es keine „Währung" für Anstand, Moral, Förderung von Gemeinwohl ...?

Digitalisierung, Internet und andere Hilfsmittel

Digitalisierung wird aktuell als der Heilsbringer des 21. Jahrhundert dargestellt. Aber was kann Digitalisierung wirklich?

Digitalisierung löst die Realität in kleine Teile auf. Die gerasterte Realität inklusive existierender Zusammenhänge können so leichter verarbeitet werden. Es ergeben sich neue Möglichkeiten, auf unser reales Umfeld Einfluss zu nehmen. Ist das wirklich so?

Das Abbild eines Menschen wurde zuerst gezeichnet. Danach nutzte man chemische Substanzen für die analoge Fotografie. Viele Jahrzehnte später entstanden digitale Bilder von uns Menschen. In weiteren Jahrzehnten oder Jahrhunderten wird die Realität auf andere Art und Weise, vielleicht mit Quantentechnologie abgebildet werden. Ändern wir uns durch eine veränderte Abbildung von uns?

Die Feststellung etwas tun zu müssen, mündet oft in den Ruf nach Werkzeugen und anderen Hilfsmitteln. Diese können durchaus hilfreich sein und Entwicklungen positiv beeinflussen.

Hilfsmittel sind und bleiben jedoch Hilfsmittel. Das beste Werkzeug nützt nichts, wenn man nicht weiß, was man damit machen will. Werkzeuge können zum Wohle von uns Menschen eingesetzt werden. Gleichzeitig kann mit denselben Werkzeugen großer Schaden angerichtet werden.

Das Internet bietet sehr viele Möglichkeiten. Beispielsweise kann man schnell viele Menschen erreichen. Das ändert aber nicht direkt etwas an der Realität und an dem in Jahrtausenden geprägten grundlegenden Verhalten der Menschen.

Es ist vermutlich symptomatisch für das Internet im Jahr 2020, dass die erste Mail an die Seite von »Menschheit 10.0« eine Spam-Mail war, die das Ziel „Hacken" oder „Geld machen" hatte.

Wie geht es weiter?

Die im 1. Teil ausgewählten Beispiele geben einen kleinen Vorgeschmack, in welche Richtung »Menschheit 10.0« aktiv werden möchte.

Anhand der Vielzahl von Herausforderungen und der Komplexität der Zusammenhänge wird klar, vor welcher großen Aufgabe ein neues Zukunftskonzept steht.

Jeder wird in seinem Umfeld vermutlich noch viel mehr Beispiele und Verbesserungspotentiale finden und hat vielleicht sogar Ideen für mögliche Lösungen.

Es scheint zunächst fast unmöglich, einen geeigneten Ansatz zu finden und diesen auch noch zusammen mit allen Menschen umzusetzen.

Wir schauen uns als Nächstes an, was sich hinter den Ansatz von »Menschheit 10.0« verbirgt.

Teil 2: »Menschheit 10.0«

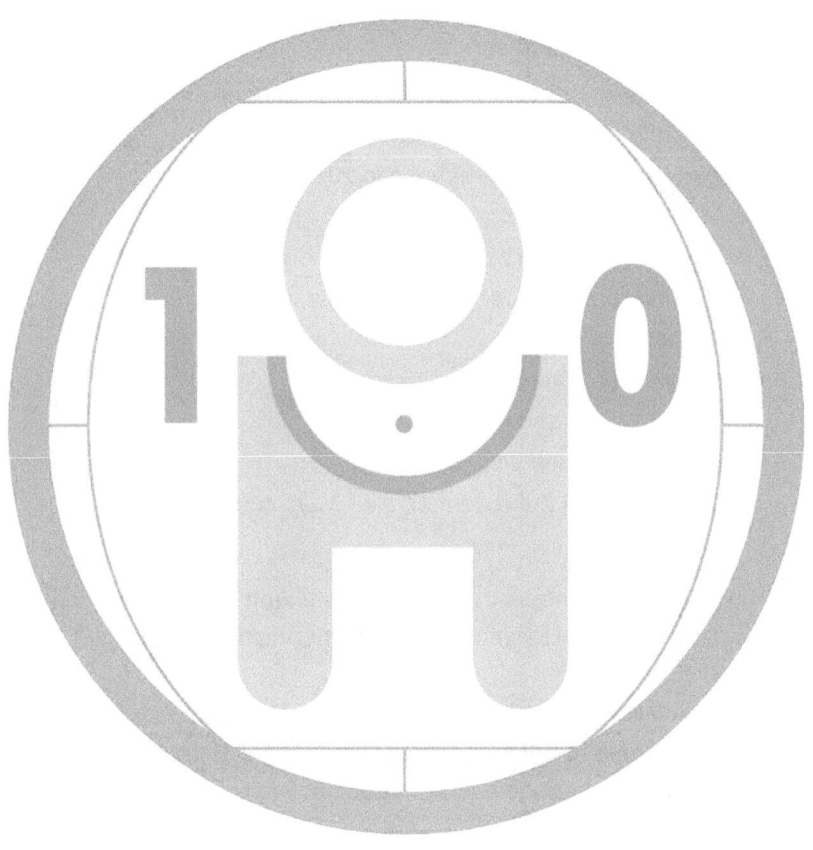

Visionen

Visionen sind sozusagen das Salz in der Suppe der Zukunft. Visionen sind die Ausgangspunkte der meisten Entdeckungen und Entwicklungen.

»Menschheit 10.0« hat folgende Visionen:

- die Menschen entwickeln gemeinsam Visionen und Ziele und legen fest, was ihnen wichtig ist
- Regierungen setzen die Wünsche zusammen mit den Menschen um
- Veränderungen sind zielorientiert und einleuchtend
- Firmen produzieren nachhaltig nur das, was benötigt wird
- Gefahren werden frühzeitig erkannt und Fehlentwicklungen vermieden
- für mögliche Krisen wird vorgesorgt
- eine nachhaltige Zufriedenheit aller Menschen wird angestrebt.

Dass wir Menschen intensiv über unsere Zukunft nachdenken sollten, ist mehr eine Notwendigkeit als eine Vision, aber aktuell leider nicht der Fall.

Da alle Menschen auf derselben Erde leben, sind gemeinsame Visionen und Ziele überlebensnotwendig. Das heißt aber nicht, dass alle Visionen und Ziele auf der ganzen Welt vollkommen identisch sein müssen.

Das Umsetzen von Wünschen der Menschen durch aktives Gestalten der Zukunft ist eine klare Vision. Sie soll den Trend „von Entwicklungen überrannt zu werden" ablösen.

Mit »Menschheit 10.0« soll etwas entstehen, was einen uns Menschen dienenden, universellen und nachhaltigen Ansatz hat. »Menschheit 10.0« soll aufgrund seiner positiven Ausrichtung selbst schwer angreifbar sein und Angriffe auf die menschlichen

Werte transparent machen, damit diese Angriffe gut abgewehrt werden können.

»Menschheit 10.0« ist sehr visionär, weil etwas scheinbar Unmögliches gewagt wird.

Aber »Menschheit 10.0« könnte vieles zum Positiven verändern.

Ziele

Ohne Ziele sind Visionen nicht umsetzbar.

Je präziser die Ziele sind, umso einfacher sind die notwendigen Schritte für deren Erreichung festzulegen.

Die **Ziele von »Menschheit 10.0«** sind:

a) **Überleben der Menschheit sichern**

- die Menschen stärker miteinander verbinden
- existenzgefährdende Probleme schnell lösen
- Positives bewahren und Neues fördern.

b) **Gesellschaft(en) weiterentwickeln**

- moralische Werte stärken
- fairen Wettbewerb sichern
- intelligent auf Veränderungen reagieren.

c) **Zufriedenheit der Menschen steigern**

- Zufriedenheit für alle als Kriterium einführen
- den Menschen wichtige, realistische Ziele setzen
- Freiheit durch Klarheit schaffen.

Die einzelnen Ziele münden in der Entwicklung anpassungsfähiger humanistischer Gesellschaften. Diese anpassungsfähigen Gesellschaften sollen entstehen, indem die bestehenden positiven Erfahrungen, Ideen und Lösungen genutzt und aktuelle Schwächen und Fehler objektiv berücksichtigt werden.

Ein neues, schwer widerlegbares Werte- und Bewertungssystem soll die Innovationskraft mittels neuer Anreize fördern und Bestehendes kontinuierlich verbessern.

Auf notwendige Veränderungen soll mit offenen und dynamischen Bewertungskriterien reagiert werden.

Prinzipien

In diesem Kapitel geht es nicht nur um Prinzipien.
»Menschheit 10.0« lässt sich unter bestimmten Rahmenbedingungen besonders gut einführen. Diese Rahmenbedingungen sind in den Gesellschaften nicht immer gegeben.
Um vorteilhafte Rahmenbedingungen etablieren zu können, müssen diese bekannt und verständlich sein.

Wie am Anfang des Buches erwähnt, gehen wir davon aus, dass wir uns selbstbestimmt in der uns umgebenden Realität bewegen und in einem gewissen Rahmen unser Leben beeinflussen können. Selbst wer an eine Fremdbestimmung der Menschen glaubt, muss die Realität als vorhanden akzeptieren. Es ist eigentlich nicht wichtig, ob Gedanken frei entstehen oder von einer höheren Macht „eingegeben" werden. Die Gedanken sind da und somit Realität.

Der Begriff „Realität" wird bei »Menschheit 10.0« als „der Wirklichkeit entsprechend" benutzt. Dies deckt sich sowohl mit dem allgemeinen wie auch mit dem wissenschaftlichen Verständnis.

Realität umfasst neben den naturwissenschaftlichen Gesetzmäßigkeiten alles, was uns Menschen bewegt.

Manchmal scheint es so, als würden subjektive und wirklichkeitsfremde Auslegungen der Realität unser Geschehen bestimmen.
Dies ist nur möglich, wenn einzelne Personen oder Organisationen eine zu große Macht auf sich vereinen. Dadurch können sie ihre eigenen Interessen durch Manipulation der Menschen, mit falschen Aussagen über die Realität oder sogar mit Gewalt durchzusetzen.

Subjektive Deutungen der Realität haben nicht so gravierende Folgen. Wenn beispielsweise ein Fass zu 50 % mit Wasser gefüllt ist, wird es unterschiedliche Meinungen zum Füllstand geben.
Für die einen ist das Fass „halbvoll" – für die anderen ist es „halbleer". Viele bewerten den Füllstand entsprechend dem aktuellen Zustand mit 50 %. Alle Meinungen sind Realität und müssen in einem Gesamtkonzept berücksichtigt werden.
Wer hat jedoch Recht?

Für den aktuellen Zeitpunkt entspricht der Füllstand genau den gemessenen 50 %.

Die Deutungen „halbvoll" und „halbleer" können in dem bewertenden Menschen selbst begründet sein. Eigenschaften wie optimistisch und pessimistisch spielen genauso eine Rolle, wie zum Bewertungszeitpunkt vorhandene Befindlichkeiten.

In die Meinung „halbvoll" können jedoch zusätzliche Informationen eingeflossen sein, wenn zum Beispiel das Fass gerade gefüllt wird. So wird in die Bewertung mit einbezogen, dass der Füllstand weiter steigen kann. Die Meinung „halbleer" entsteht unter Umständen, wenn das Fass ein großes Loch hat oder kein Auffüllen in Aussicht steht.

Aus diesem Beispiel werden für »Menschheit 10.0« folgende Konsequenzen abgeleitet.

Zur Realität gehören neben den objektiven Tatsachen auch die unterschiedlichen Auslegungen.

Mit dem Bilden einer durchschnittlichen Meinung lassen sich subjektive Unterschiede gut ausgleichen.

Scheinbare Deutungen, die auf Basis von zusätzlichen Informationen beruhen, sind für die Zukunft wichtig.

Für »Menschheit 10.0« sind damit das objektive Widerspiegeln der Realität und ein systematisches Einbeziehen von Trends sehr wichtige Grundprinzipien.

Die Arbeit mit aktuellen, für uns Menschen wichtigen Werten, wie beispielsweise den Menschenrechten, ist für »Menschheit 10.0« selbstverständlich. Dies steht trotz notwendiger Offenheit gegenüber allen existierenden Meinungen, zu keiner Zeit in Frage.

Ein Berücksichtigen vielfältiger Werte ändert nichts an der Wirkungsweise von »Menschheit 10.0«.

Die Werte selbst müssen nur für uns Menschen positiv sein.

Diskussionen zu den für uns Menschen wichtigen Werten fanden in der Vergangenheit und finden aktuell statt. Allerdings setzen wir uns mit unseren Werten, gemessen an deren großer Bedeutung, wenig beziehungsweise nur punktuell auseinander. Dabei ist für jede gesellschaftliche Entwicklung wichtig, die wirklich wichtigen Werte herauszufinden und durchzusetzen.

Die zukünftigen Werte sollen von den Menschen selbst und gezielt festgelegt werden.

Alle Werte müssen sich an der Realität orientieren und auch der ferneren Zukunft standhalten können.

Die Festlegung von Werten darf weder subjektiven Verzerrungen der Realität folgen, noch sollten zu pessimistische oder zu idealistische Vorstellungen dominieren.

Werte müssen erreichbar sein, um eine motivierende Kraft entwickeln zu können.

Angriffen auf die von den Menschen festgelegten Werte muss viel konsequenter als aktuell begegnet werden.

Der Wille, diese Themen stärker in den öffentlichen Fokus zu bringen, ist eine wichtige Rahmenbedingung. Nur so kann »Menschheit 10.0« helfen, die den Menschen dienenden Werte zu schützen und durchzusetzen, Missstände zu beseitigen und Machtkonzentrationen aufzulösen.

Während der „Corona-Krise" konnte man sehr gut sehen, wie sich der Wert eines Sachverhaltes aufgrund von Umständen ändern kann. Für ein schnelles und optimales Vorgehen bei Katastrophen wäre extrem hilfreich, wenn bereits im Vorfeld ein gesellschaftlicher Konsens zu den notwendigen Maßnahmen bestehen würde. Vorsorge stellt einen wichtigen Wert dar, der ebenfalls stärker in den Fokus rücken muss.

Deshalb bezieht »Menschheit 10.0« neben aktuellen Trends und möglichen Entwicklungen auch Sonderereignisse in seine Betrachtungen ein.

Zu den Fragen rund um unsere Gesellschaften und wichtigen Werten gibt es unzählige Betrachtungen von Philosophen, Politikern, Wissenschaftlern aller Fachrichtungen sowie von anderen Menschen aus allen Lebensbereichen.

Die Betrachtungen des neuzeitlichen Philosophen John Rawls werden bei »Menschheit 10.0« einbezogen und als Ideen für

das Vorgehen übernommen. In John Rawls Buch „Eine Theorie
der Gerechtigkeit" gibt es sehr interessante Zusammenhänge
und Gedankenanstöße.
Gerechtigkeit und Chancengleichheit sind für »Menschheit 10.0«
wie auch bei John Rawls ein zentrales Thema.
Für die Suche nach der „besten Gesellschaftsordnung" für die Zukunft, bietet sich das Prinzip des „Nachdenken im Urzustand" an.
Warum das Prinzip „Nachdenken im Urzustand" für das Konzept
von »Menschheit 10.0« gewählt wurde und worin die Bedeutung
liegt, würde viele Seiten dieses Buches füllen. Eine kurze Erklärung darf jedoch nicht fehlen.

Wir befinden uns im Jahr 2020 definitiv nicht im „Urzustand"
unseres Menschseins. Betrachtet man jedoch die aktuelle Situation der Menschheit, so gibt es kein gefestigtes und wirklich überzeugendes gesellschaftliches Konstrukt für das Zusammenleben
von uns Menschen, sondern eine Vielzahl unterschiedlicher und
teilweise gegensätzlicher Gesellschaftsmodelle.
Die einzelnen Gesellschaften überhöhen überwiegend aus
Gründen des Statuserhalts oder zum Ausbau der Macht ihre
Vorteile und deren Bedeutung für die Welt.

Alle bisherigen Ansätze für gesellschaftlichen Wandel konnten
die vielen Widersprüche und Herausforderungen bisher nicht
lösen. Obwohl wissenschaftliche und technologische Entwicklungen boomen, kommt die Weiterentwicklung der Gesellschaften
nicht wirklich voran.
Es gibt also aktuell keine relevanten Vorschläge für neue Gesellschaftsmodelle. Es spricht nichts gegen das „Nachdenken im
Urzustand", um die Gesellschaften weiterzuentwickeln.

Wir wollen an dieser Stelle schauen, warum und welche
Gedanken von John Rawls noch nützlich sein können.
So ist der „Schleier des Nichtwissens" eine sehr interessante
Herangehensweise. Eine Zusammenfassung könnte lauten:
„Jedem kann alles passieren". Ein Beispiel soll verdeutlichen,
wie sich der „Schleier des Nichtwissens" auswirkt.

Drei Menschen müssen eine unbekannte Wüste durchqueren. Sie haben nichts weiter als ihre Kleider auf dem Leib. Wenn sie die Wüste überlebt haben, kommen sie in unsere normale aktuelle Welt und müssen dann sozusagen wieder neu „überleben".

Es stehen 6 Kanister mit Wasser à 10 Liter und 6 Goldbarren à 20 kg bereit. Jeder darf nur 2 Dinge mitnehmen.

Der Wert von 40 kg Gold sichert einen sehr guten Neuanfang und 40 kg sind vom Gewicht her noch zu bewältigen. Da jedoch extrem trockenes und unbekanntes Gebiet durchquert werden muss und viel Wasser bereitsteht, ist zu vermuten, dass eine Durchquerung der Wüste ohne Wasser nicht möglich ist. Es wird also kaum einer ohne Wasser nur mit Gold in die Wüste gehen, weil das Risiko des Verdurstens zu hoch ist.

Im anderen Extrem könnte man sich mit 2 Kanistern Wasser versorgen. Die beiden Kanister wären am Anfang so schwer wie ein Goldbarren. Nach der Durchquerung der Wüste stünde man vor dem Nichts.

Vermutlich werden die Menschen aufgrund ihres „Schleier des Nichtwissens" 1 Kanister Wasser und 1 Goldbarren mitnehmen. Sie folgen damit instinktiv der „Maximin-Regel". Diese besagt, dass mit großer Wahrscheinlichkeit der Kompromiss die optimale Lösung ist.

Bisher hatten die Menschen jedoch jeder für sich selbst entschieden. Sie könnten die Wüste aber gemeinsam durchqueren, sich gegenseitig unterstützen und ihr Gepäck optimieren.

Wenn sie beispielsweise 5 Kanister Wasser und 1 Barren Gold mitnehmen, sind die Überlebenschancen fast maximal und gleichzeitig hätten sie danach etwas für den Aufbau einer Existenz.

Vielleicht wären auch 4 Kanister Wasser ausreichend, dann wären 2 Goldbarren möglich.

Wenn die Menschen also eine Gemeinschaft bilden, ergeben sich neue Möglichkeiten und Vorteile. Allerdings sind dafür gemeinsame Entscheidungen und Regeln notwendig.

Damit kommen wir zu einem weiteren wichtigen Prinzip, den „Ethischen Präferenzen".

Die Gemeinschaft als beste Vorsorge funktioniert nur, wenn über gemeinsame Werte und Vereinbarungen jedem die Vorteile der Gemeinschaft zugänglich sind.

Es muss vor dem Marsch durch die Wüste mindestens die Nutzung des Wassers und die Aufteilung des Goldes geregelt werden und klar sein, dass sich alle an diese Regeln gebunden fühlen.

Wer aufgrund seiner aktuell guten Lebenssituation das „Nachdenken im Urzustand" komplett ignoriert, könnte sehr schnell einsam in der „Wüste" umkommen.

Anhand dieses Beispiels wird hoffentlich klarer, warum
- der „Schleier des Nichtwissens"
- die „Maximin-Regel" und
- „ethische Präferenzen"
in den Ansatz von »Menschheit 10.0« eingeflossen sind.

Wichtig für die richtigen Entscheidungen bei der Entwicklung eines Zukunftskonzepts sind die geeigneten Herangehensweisen. Viele Entscheidungen werden (zu) spontan, emotional, mit zu starken Vereinfachungen, „aus dem Bauch heraus" getroffen.

Der Nobelpreisträger Daniel Kahneman hat untersucht, warum Menschen oft nicht rational denken und handeln. Er fand heraus, dass es zwei grundsätzlich unterschiedliche Denkmuster gibt. Seine Erkenntnisse hat er in dem Buch „Schnelles Denken, langsames Denken" veröffentlicht.

Das erste Denkmuster „Schnelles Denken" ist immer aktiv, es läuft faktisch im Unterbewusstsein automatisiert ab. Meistens müssen dafür Vereinfachungen getroffen werden, denn Wissenslücken lassen sich nicht kurzfristig schließen. „Schnelles Denken" ist für alle Menschen wichtig, wenn schnelle Entscheidungen getroffen werden müssen.

Das „Schnelle Denken" sollte man allerdings noch unterteilen in intuitives und emotionales Denken. Während das intuitive Denken auf Erfahrungen basiert und relativ genau ist, ist das emotionale Denken sehr stark situations- und stimmungsabhängig und damit weniger brauchbar für wichtige Entscheidungen.

„Langsames Denken", das zweite Denkmuster, ist selten aktiv. Es muss erst bewusst angesprochen werden. Das Ziel des „Langsamen Denkens" ist ein möglichst genaues Treffen der Realität. Unsicherheiten werden in den meisten Fällen mit Wissen oder Algorithmen beseitigt. Die eingesetzte Logik stellt eine Nachvollziehbarkeit sicher. Die Ergebnisse lassen sich so auch später für intuitives „Schnelles Denken" nutzen.

Das „Langsame Denken" wird vom „Schnellen Denken" in vielen Fällen als Unterstützung angefordert. Es ist also, anders als man vermuten könnte, nicht immer Teil eines geplanten Prozesses.

Durch die ausgeprägte Systematik wird das „Langsame Denken" oft kompliziert und manche Menschen sind damit überfordert. Der Vorteil des „Langsamen Denkens" ist die sehr gute Übereinstimmung mit der Realität.

Vielleicht ist noch nicht richtig klar geworden, warum der Einsatz des richtigen Denkens so wichtig ist. Ein Beispiel soll dies veranschaulichen.

Jeder hat vermutlich schon einen Katastrophenfilm gesehen. Die Handlung wollen wir mal darauf reduzieren, dass eine Gruppe von Menschen sich in einer Ausnahmesituation (Katastrophe) befindet. Es müssen existenzielle Entscheidungen getroffen werden.

Ein Teil der Menschen ist mit der Situation komplett überfordert. Sie sind nicht handlungsfähig und zeigen kaum Reaktionen, es findet kein Denken mehr statt.

Eine zweite Menschengruppe ist panisch und entscheidet emotional. Die Menschen dieser Gruppe kommen wegen der teilweise irrationalen Entscheidungen oft zu Schaden. Dies entspricht dem emotionalen „Schnellen Denken".

Die Gruppe mit Erfahrungen oder der Fähigkeit, von bekannten Situationen auf unbekannte schlussfolgern zu können, wird mit großer Wahrscheinlichkeit mittels intuitivem „Schnellen Denken" die richtigen Entscheidungen treffen.

Und dann gibt es noch den „Helden". Er schafft es, ausgelöst durch die spontanen Ereignisse, sein „Langsames Denken" zu aktivieren. Er geht systematisch, planvoll vor und seine Entscheidungen sind überwiegend richtig. „Helden" können schnell das „Langsame Denken" nutzen.

Es würde also naheliegen, das „Langsame Denken" insgesamt zu bevorzugen. Allerdings ist das nicht so einfach. Da „Schnelles Denken" automatisiert, teilweise im Unterbewusstsein abläuft, kann es nicht einfach abgestellt oder gegen „Langsameres Denken" ausgetauscht werden. Außerdem ist „Schnelles Denken" wesentlich häufiger vorzufinden als „Langsames Denken".

Im wissenschaftlichen Bereich herrscht das „Langsame Denken" vor. Es muss, da es nicht ausreichend zur Verfügung steht, effektiv geplant oder mit intuitiven Komponenten angereichert werden.

Insbesondere, wenn strategische Entscheidungen getroffen werden müssen, sollten diese sehr gut die Realität widerspiegeln. In diesen Fällen ist geplantes „Langsames Denken" alternativlos. Da aber mehr „Schnelles Denken" zur Verfügung steht, sollte man dies für geeignete Schritte ebenfalls nutzen.

Für »Menschheit 10.0« ergibt sich somit ein weiteres Prinzip. »Menschheit 10.0« muss beide Denkweisen berücksichtigen und möglichst effektiv anfordern.

Wann welches Denken berücksichtigt wird beziehungsweise zum Einsatz kommen sollte, ist an den entsprechenden Stellen des Buches erwähnt.

»Menschheit 10.0« soll für viele Menschen in allen Lebensbereichen Anstoß sein. Außerdem wird eine Diskussionsgrundlage angeboten, wie Sachverhalte sowie die Werte bewertet und priorisiert werden können.

Für »Menschheit 10.0« wird noch eine Menge an wissenschaftlicher Arbeit sowie Ideen für die vielen Details erforderlich sein. Die Umsetzung muss gut durchdacht werden.

Anmerkung:

Künstliche Intelligenz stellt zukünftig zusätzliche Ressourcen für „schnelles logisches Denken" bereit.

Wenn die genutzte Logik die Realität sehr gut widerspiegelt, ist dies zum Vorteil für uns Menschen.

Die Idee: Innovatives Werte-/Bewertungssystem

Wir haben in den vergangenen Kapiteln aktuelle Herausforderungen betrachtet, einen Bedarf an gesellschaftlicher Veränderung identifiziert sowie entsprechende Visionen und Ziele festgelegt. Für »Menschheit 10.0« wurden wichtige Prinzipien und Rahmenbedingungen zusammengestellt. Somit können wir nun in die Idee für ein neues Werte-/Bewertungssystem einsteigen.

Das Werte-/Bewertungssystem von »Menschheit 10.0« soll zielorientiert vorgehen. Die Sicherung und Verbesserung des Lebens aller Menschen sind die obersten Ziele. Andere, in den Kapiteln „Ziele" und „Prinzipien" genannten Ziele und Vorgehensweisen werden immer angestrebt.

Das Werte-/Bewertungssystem soll universell auf fast alles angewendet werden können, sowohl auf Sachverhalte wie zum Beispiel Zustände, Strukturen, Situationen, Trends als auch auf Personen, Organisationen und Beziehungen.

Der aktuelle Stand sowie die bereits sichtbaren möglichen Entwicklungen werden berücksichtigt. Ideen für mögliche zukünftige Veränderungen werden wie Trends betrachtet.

Das Werte-/Bewertungssystem soll möglichst viele Rahmenbedingungen und Zusammenhänge einbeziehen, um die Realität gut abzubilden. Gerade durch diese Anforderung besteht die Gefahr einer großen Komplexität.

Das Werte-/Bewertungssystem soll zukunftssicher, das heißt visionär, flexibel und anpassungsfähig sein.
Nur so kann es über längere Zeiträume genutzt werden.

Die bisher genannten Rahmenbedingungen sind nur zu beherrschen, wenn das Vorgehen für alle Menschen verständlich und akzeptabel ist.
Es wird sozusagen, der „kleinste gemeinsame Nenner" mit dem größtmöglichen Effekt für uns Menschen angestrebt.

Naheliegende Schwerpunkte

Damit die Anforderung der Einfachheit erfüllt werden kann, ist es notwendig, sich auf wenige Schwerpunkte zu konzentrieren. Die Schwerpunkte sollen universell auf alles anwendbar sein und den Zielen von »Menschheit 10.0« dienen.

Was könnten *naheliegende Schwerpunkte* für ein derartiges Werte-/Bewertungssystem sein?
Folgende einfache Betrachtung wird angestellt.

Es geht um das Leben jedes einzelnen Menschen. Damit ist klar, dass wir als *Menschen* der entscheidende Schwerpunkt des Werte-/Bewertungssystem sind.

Wir können vielleicht irgendwie zurechtkommen, aber unsere Lebensqualität wird entscheidend bestimmt durch:

- unser nahes *Umfeld,*
- die uns umgebende *Gemeinschaft.*

Unsere Zukunft ist nur gesichert, wenn

- unsere *Umwelt* in Ordnung ist,
- wir als eine *Menschheit* agieren.

Dieses Herleiten der Schwerpunkte ist im nachfolgenden Bild symbolisiert.

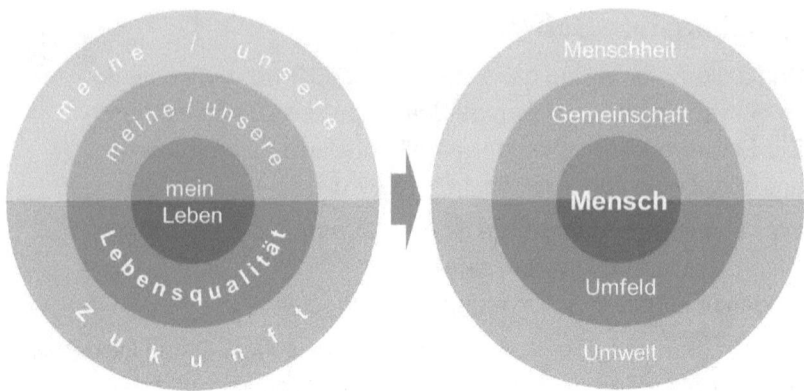

Abbildung 3: Herleitung der Schwerpunkte

Wenn der Mensch im Mittelpunkt steht, könnte man
»Menschheit 10.0« einen egoistischen Ansatz unterstellen.
Aber die anderen vier Schwerpunkte binden Pflanzen, Tiere,
natürliche Ressourcen und so weiter viel stärker in die Bewertung
ein als so manch anderer Ansatz.
Da »Menschheit 10.0« realistisch sein soll, bleibt nichts anderes
übrig, als die Menschen so zu berücksichtigen, wie sie tatsächlich
sind – etwas egoistisch.

Die Schwerpunkte berücksichtigen sowohl die ideellen / sozialen
wie auch die materiellen / lebenserhaltenden Bedürfnisse.

Sie wirken vielleicht zunächst etwas abstrakt, sind nicht unmittelbar fassbar und bestehen aus vielen unterschiedlichen Facetten,
die miteinander in Beziehung stehen können. Deshalb folgen
weitere Details zu den Schwerpunkten.

Der Mensch

Es gibt nicht „den" Menschen.
Wir Menschen sind sehr variantenreich, haben unterschiedliche
Eigenschaften, individuelle Stärken und Schwächen. Wir werden
außerdem durch unser Umfeld geprägt.

Trotz dieser Unterschiede haben wir Menschen überwiegend Gemeinsamkeiten.

Auch wenn unsere gewählten Wege unterschiedlich sind, wollen wir alle menschenwürdig leben, zufrieden sein und brauchen eine gewisse Sicherheit. Um diese Ziele zu erreichen, lassen sich Menschen motivieren und verändern sich sogar. Motivation ist meist dann erfolgreich, wenn Vorteile erkennbar sind.
Somit ergibt sich eine weitere Anforderung: »Menschheit 10.0« sollte jedem Einzelnen Vorteile bieten.

Wenden wir uns nochmals dem Wüstenbeispiel aus dem Kapitel „Prinzipien" zu und erweitern es um die Vielfältigkeit von uns Menschen.

Es sollen nun 1000 Menschen eine unbekannte Wüste durchqueren. Sie haben nichts weiter als ihre Kleider auf dem Leib. Wenn sie die Wüste überlebt haben, kommen sie in unsere normale aktuelle Welt und müssen dann sozusagen „überleben". Es stehen 2000 Kanister mit Wasser a 10 Liter und 2000 Goldbarren à 20 kg bereit. Jeder darf wieder nur 2 Dinge mitnehmen. Was ergibt sich durch die größere Anzahl Menschen?

Es wird nun wahrscheinlich doch besonders risikofreudige Menschen geben, die es wagen, mit 2 Goldbarren durch die Wüste zu kommen. Und es wird Vorsichtige geben, für die das kurzfristige Überleben in der Wüste die höchste Priorität hat, sie nehmen 2 Kanister Wasser mit. Die Mehrheit wird vermutlich weiter den Kompromiss wählen, 1 Kanister Wasser und 1 Goldbarren.
In der Summe werden ungefähr wieder gleich viele Kanister mit Wasser und Goldbarren mitgenommen.
Es gibt also, obwohl die einzelnen Verhaltensweisen unterschiedlich sind, weiterhin den Durchschnitt als Optimum.
Wenn es also um den Schwerpunkt „Mensch" geht, ergeben sich die Kriterien für den „Menschen" aus den Durchschnitten der Eigenschaften aller Menschen. Wir folgen damit der „Maximin"-Regel, die das Optimum darstellt.

Nun könnten die 1000 Menschen eine Gemeinschaft für die Durchquerung der Wüste bilden und die sich ergebenden Vorteile nutzen. Die gemeinsame Entscheidung wie auch die Findung und Durchsetzung der Regeln wird langwieriger und schwieriger als bei 3 Menschen. Die Vorteile der Gemeinschaft sind trotzdem in gleicher Weise vorhanden.

Da die Ereignisse, Sachverhalte und so weiter in der Summe ebenfalls dem Prinzip einer durchschnittlichen (normalen) Verteilung folgen, ergeben sich für Extreme keine Vorteile. Das heißt, aus Sicht des Gesamtsystems betrachtet, haben besonders Risikofreudige keinen Vorteil gegenüber besonders Vorsichtigen und umgekehrt gesehen, haben besonders Vorsichtige ebenfalls keinen Vorteil. Für den Schwerpunkt „Mensch" wird beim Werte-/Bewertungssystem von »Menschheit 10.0« also der „Durchschnittsmensch" angenommen.

Eines ist noch anzumerken.

Auch wenn Extreme einen gewissen Reiz auf uns ausüben, sollten wir nicht dauerhaft das Durchschnittsoptimum verlassen. Die meisten Menschen können und sollten nicht Extremen folgen. Extreme können wir allerdings als Anreiz nehmen, um unser langfristiges Durchschnittsverhalten zu überprüfen und falls notwendig zu verbessern.

Die Gemeinschaft

Gemeinschaft hat in unserem Beispiel, bei dem die Menschen die Wüste durchqueren, schon eine Rolle gespielt.

Zunächst ist eine Gemeinschaft eine Gruppe von Menschen, wie zum Beispiel Familie, Vereine, Gemeinden. Viele Gruppen sind Interessengemeinschaften. Gemeinschaften spielen im Leben eine große Rolle und haben ihre eigene Gruppendynamik.

Unter eine Gemeinschaft im Sinne von »Menschheit 10.0« fallen auch Unternehmen, Behörden, Parteien oder noch größere Organisationen wie Konzerne, die VN (Vereinten Nationen), die EU (Europäische Union).

Der Mensch als soziales Wesen braucht Gemeinschaften. Gemeinschaften sind jedoch noch vielfältiger und komplexer als die Menschen. Wie kann man diesen Schwerpunkt trotzdem als Kriterium anwenden?

Bei den Gemeinschaften verhält es sich ähnlich wie bei den Menschen. Die Interessen und Ausrichtungen sind vielfältig. Über die Summe aller Unterschiede der Gemeinschaften wird sich wie für die Menschen eine „Durchschnittsgemeinschaft" ergeben.

Im Prinzip finden gesunde Gesellschaften ihr Gleichgewicht von selbst. Es gibt beispielsweise gleichzeitig linke und rechte Parteien. Zu einer Regierungsmeinung gibt es meist eine andere Meinung durch die Opposition. In der Physik gibt es übrigens auch „zu jeder Kraft eine Gegenkraft".

Selbst wenn das Pendel mal in eine extreme Richtung ausschlägt, wird dies fast immer wieder korrigiert. Zwischen dem Ausschlag in eine extreme Richtung und der Korrektur, in manchen Fällen in Form einer Katastrophe, können viele Jahre liegen.

Gemeinschaften und deren Regeln sind von den Menschen geschaffene Konstrukte und können somit durch die Menschen wieder verändert, optimiert werden.

Bei »Menschheit 10.0« sind die Gemeinschaften nicht nur ein Schwerpunkt für die Bewertungen, sondern werden selbst der Bewertung durch »Menschheit 10.0« unterzogen. Damit kann verhindert werden, dass einzelne Gemeinschaften im Werte-/Bewertungssystem eine dominierende Stellung einnehmen.

Die gesamte Menschheit

Die Summe aller Menschen, aller Gemeinschaften ist die gesamte Menschheit. An die gesamte Menschheit denken wir in unserem täglichen Leben nur selten.

Mit diesem Schwerpunkt soll notwendigen gemeinsamen Visionen, Zielen und Regeln Rechnung getragen werden, die das Überleben von uns Menschen sichern.

Die Menschheit als Schwerpunkt dient auch dazu,

die Gemeinsamkeiten der Menschen einzubringen, damit die Unterschiede nicht überbewertet werden.

»Menschheit 10.0« kann helfen, die für die Menschheit bereits festgelegten Visionen, Ziele und Regeln zu optimieren.

Das nahe Umfeld

Obwohl durch die Globalisierung mittlerweile Güter aus aller Welt bei der Befriedigung der materiellen Bedürfnisse eine große Rolle spielen, ist nach wie vor das nahe Umfeld die Basis für das Leben von uns Menschen.

Zum Umfeld gehören die uns unmittelbar umgebenden natürlichen Ressourcen, wie zum Beispiel Luft, Wasser, Wälder, Tiere und von uns Menschen Erschaffenes, wie zum Beispiel Städte, Fabriken, Infrastrukturen. Die natürlichen Ressourcen des nahen Umfeldes hängen teilweise direkt mit der globalen Umwelt zusammen.

Das nahe Umfeld ist sehr gut von jedem Einzelnen wahrnehmbar und wir Menschen reagieren meist direkt auf Veränderungen in unserem Umfeld. Allerdings sind die Reaktionen nicht immer aktiv und progressiv.

Teile des nahen Umfeldes werden maßgeblich von uns Menschen beeinflusst. Diese Teile sind für die Bewertung durch das Werte-/Bewertungssystem von »Menschheit 10.0« besonders interessant. Die Bewertungsergebnisse und die Konsequenzen können die Menschen gut nachvollziehen.

Die gesamte Umwelt

Wir sind direkt von den natürlichen Ressourcen sowie funktionierenden ökologischen Systemen abhängig. Leider sind wir uns dessen nicht immer bewusst. Umweltschutz rückt zunehmend, aber noch nicht ausreichend, in das Bewusstsein von uns Menschen. Das liegt vor allem daran, dass die negativen Auswirkungen von „Umweltsünden" meist erst in der Zukunft eintreten. Folgerichtig müssen die Konsequenzen für die gesamte Umwelt sowie das nahe Umfeld unmittelbar mit in die Bewertungen der Sachverhalte, Trends und Ideen aufgenommen werden.

Bei »Menschheit 10.0« spielt also das Thema Umweltschutz bei der Bewertung jedes einzelnen Schwerpunktes eine Rolle. Zeitraubende Diskussionen über einzelne Punkte, beispielsweise Schadstoffgrenzwerte werden nicht wegfallen, aber der Druck, diese tatsächlich einzuhalten, wird größer.

Bedeutung der Schwerpunkte

Mit den Schwerpunkten wird festgelegt, woran wir unsere Zukunft ausrichten wollen. Die Schwerpunkte wirken als Kriterien, auf die es bei den Bewertungen der Sachverhalte und Trends ankommt.

Was die Bedeutung der Schwerpunkte angeht, so scheinen die ideellen / sozialen Schwerpunkte, also Gemeinschaft und Menschheit eine geringere Bedeutung zu haben als die für die materielle Lebenssicherung über das Umfeld und die Umwelt.
Das ist jedoch ein Trugschluss.
Wenn die Güter zur Lebenserhaltung in der Gemeinschaft so ungleich verteilt werden, dass manche Menschen zu wenig abbekommen, hat das für diese Menschen denselben Effekt als würden de facto generell zu wenig Güter zu Lebenserhaltung zur Verfügung stehen.
In jedem Krieg sterben Menschen, da unsere Gemeinsamkeiten zu wenig Beachtung finden. Dies ist genauso schlimm wie das Sterben der Menschen durch die Zerstörung unserer Umwelt.

Ist die Wahl der Schwerpunkte bei »Menschheit 10.0« zu trivial – zu unspektakulär?

Das wäre ein gutes Zeichen – dann leuchten die Schwerpunkte ein und wir hätten unser Ziel „Einfachheit" erreicht.

Sachverhalte und Trends

Sachverhalte sind zum Beispiel:

- Hergestellte Produkte und angebotene Leistungen
- Absichtserklärungen, Statuten, Programme,
  zum Beispiel von Parteien
- Beziehungen von Menschen zueinander
- Verflechtungen zwischen Politik und Wirtschaft
- Beziehungen von Staaten untereinander
- Handlungen von Menschen, auch Alltagssituationen
- Kritische Situationen / Zustände
- Trends und Entwicklungen, zum Beispiel globale
  Erwärmung
- ...

Welche Sachverhalte und Trends sollten bewertet werden?
Im Prinzip kann alles bewertet werden.

Allerdings sind nicht alle Sachverhalte und Trends gleich wichtig.
Nicht jeder Schwerpunkt hat für jeden Sachverhalt und Trend die
gleiche Bedeutung. Deshalb ist für die Bewertungen der Sachverhalte und Trends ein systematisches Vorgehen sowie eine
Priorisierung erforderlich.

In einer ersten Phase könnten viele Sachverhalte untersucht,
durchdacht und unter Nutzung der Schwerpunkte von
»Menschheit 10.0« grob bewertet werden. Auf diese Weise wird
schnell deutlich, welche Sachverhalte und Trends wichtig sind.
Von besonderem Interesse sind die Sachverhalte und Trends,
die wir als Menschen gemeinsam beeinflussen / verbessern
können und wo die Herausforderungen bereits sichtbar sind.
Hierfür würde ein breiter Konsens bestehen.

Es kann sein, dass zu Sachverhalten aktuell kein Konsens
hinsichtlich objektiver Kriterien und Bewertungen möglich ist,
weil beispielsweise extreme Ideologien jegliche Veränderung
ablehnen.

In diesen Fällen ist es zunächst nicht sinnvoll, sich damit quanti tativ zu beschäftigen. Die Transparenz, wer was wie und warum blockiert, ist jedoch wichtig und gewollt.

Es ist auch vorteilhaft, bereits in der ersten Phase beispielhafte Sachverhalte festzulegen, die einer weiteren quantitativen Bewertung unterzogen werden. Details zum Vorgehen bei der Einführung von »Menschheit 10.0« folgen noch in den nächsten Kapiteln.

Doch wie können wir aus der großen Masse der Sachverhalte und Trends die Richtigen auswählen?

Als Erstes beschäftigen wir uns mit der Frage: „Welche Sachverhalte und Trends sind für uns Menschen interessant?"

Interesse haben wir an etwas, wenn unsere Bedürfnisse dabei befriedigt werden. Wenn wir alle Menschen einbeziehen wollen, sollten wir bedürfnisgerecht vorgehen.

Die „Maslowsche Bedürfnishierarchie", siehe nachfolgendes Bild (Quelle: *de.wikipedia.org/wiki/Maslowsche_Bedürfnishierarchie*) stellt die Zusammenhänge zwischen den Bedürfnissen und der Persönlichkeitsentwicklung der Menschen vereinfacht dar.

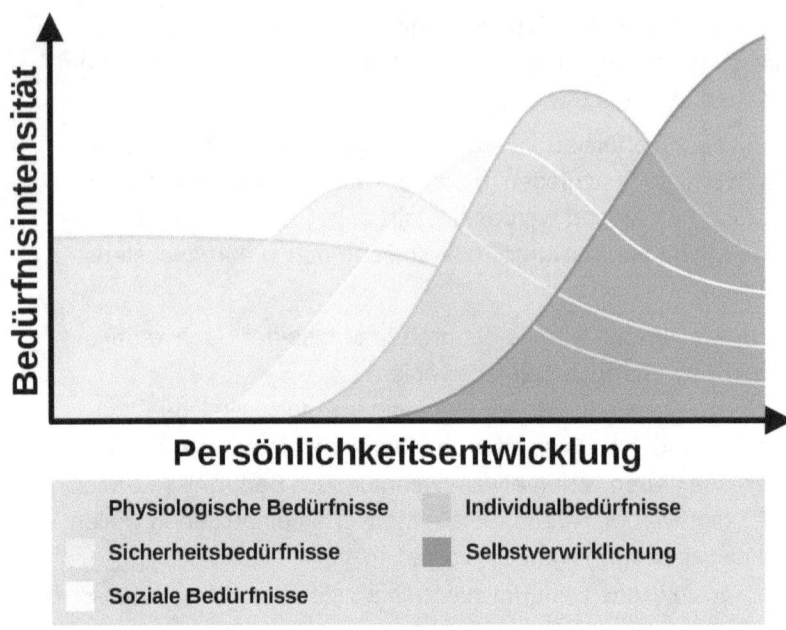

Abbildung 4: Dynamische Darstellung der Bedürfnishierarchie

Der Grundgedanke ist, dass erst die Grundbedürfnisse, also physiologische, Sicherheits- und soziale Bedürfnisse befriedigt werden (müssen), bevor sich ein Mensch Individual- und Selbstverwirklichungsbedürfnissen zuwendet (zuwenden kann). Obwohl dieses Modell relativ einfach erscheint, sollte es für den „Durchschnittsmenschen" gültig und für unsere Betrachtungen ausreichend sein.

Wie in dem Bild zu sehen ist, spielen die Grundbedürfnisse in jeder Stufe der Persönlichkeitsentwicklung eine Rolle. Das heißt: Egal wie unterschiedlich die Menschen und die Gesellschaften entwickelt sind, die Sicherung der Grundbedürfnisse ist essenziell. Damit haben die Sachverhalte und Trends, die diese Grundbedürfnisse absichern, höchste Priorität.

Da bei vielen Leistungsträgern und Entscheidern die Grundbedürfnisse befriedigt sind, haben sie Individual- und Selbstverwirklichungsbedürfnisse. Somit müssen ebenfalls Sachverhalte und Trends berücksichtigt werden, die diese Bedürfnisbefriedigung ermöglichen. Idealerweise werden die Leistungsträger und Entscheider durch die Auswahl der Sachverhalte und Trends motiviert, die Grundbedürfnisse in den Gesellschaften zu sichern.

Organisationen spielen eine besondere Rolle.
Das Agieren großer Organisationen, insbesondere politischer Parteien hat beispielsweise mehr Einfluss als die Handlungen einzelner Menschen. Es ist also extrem wichtig, dass Organisationen einer Bewertung im Sinne von »Menschheit 10.0« unterzogen werden. Die Sachverhalte, Trends und Bewertungen, die Organisationen betreffen, können allerdings sehr komplex werden. Es wurde schon angesprochen, dass Teile der »Menschheit 10.0«- Schwerpunkte ebenfalls bewertet werden. Ob beispielsweise eine Gemeinschaft den Menschen dient, ist auf jeden Fall eine Einschätzung wert.

Für viele Sachverhalte und Trends existieren bereits Bewertungen. Diese Bewertungen sind abhängig von den gewählten Schwerpunkten / Kriterien. In vielen Fällen gehen die Bewertungen schon in eine ähnliche Richtung wie bei »Menschheit 10.0«. Je stärker sie denen von »Menschheit 10.0« ähneln, umso einfacher wird die Bewertung im neuen Werte-/Bewertungssystem von »Menschheit 10.0«.

Ideen sind meist in die Zukunft gerichtete Verbesserungsvorschläge. Es lohnt sich, sie als mögliche Trends frühzeitig mit in die Bewertungen einzubeziehen. Insbesondere, wenn für einen Sachverhalt keine Trends absehbar sind oder die absehbare Entwicklung nicht zufriedenstellend ist, sollten die potenziellen Ideen bewertet werden.

Die Darstellung und Bewertung von Sachverhalten, Trends sowie Ideen muss objektiv und sachbezogen erfolgen.
Es ist erforderlich, die Realität bestmöglich abzubilden.

Eine Verbindung zu einer Person oder Organisation spielt in dieser Phase bewusst (noch) keine Rolle, da die Befindlichkeiten von Personen und Organisationen Ideen und die objektive Lösungsfindung behindern können.

Das generelle Vorgehen pro Sachverhalt wird im nächsten Kapitel näher beschrieben.

Vorgehen pro Sachverhalt / Trend

Der Kerngedanke von »Menschheit 10.0« ist, in möglichst vielen Bereichen, bei möglichst vielen Sachverhalten und Trends Verbesserungen zu erreichen.

Da es schwerpunktmäßig um mittel- und langfristige Verbesserungen geht, spielt die Aufarbeitung der Historie eine untergeordnete Rolle. Erfahrungen aus der Vergangenheit fließen bei der Bewertung selbstverständlich ein.

Schuldzuweisungen für Missstände oder ähnliche personen- beziehungsweise organisationsbezogene Einordnungen werden nicht zur Betrachtung des Sachverhaltes / Trends herangezogen.

Die wesentlichen Schritte bei der Betrachtung der Sachverhalte und Trends sind:

1. Nachdenken anregen, erste Einschätzungen
2. Ideen für Verbesserungen sammeln
3. Zusammenhänge berücksichtigen
4. *»Menschheit 10.0«-Schwerpunkte als Bewertungskriterien für den aktuellen Stand benutzen*
5. *Mit den Bewertungskriterien bekannte Entwicklungen sowie Ideen in ihrer Wirkung abschätzen*
6. Gemeinsam Ziele definieren und Lösungen finden
7. Idee(n) umsetzen und Fortschrittskontrolle

Neben dem ganz normalen Nachdenken über die für die Zukunft wichtigen Sachverhalte wird spätestens bei den Schritten 4. und 5. das Werte-/Bewertungssystem von »Menschheit 10.0« eingesetzt. Nachfolgend einige Anmerkungen zu den Schritten.

Zu 1.) Nachdenken anregen, erste Einschätzungen

Jeder sollte vor seinen Meinungsäußerungen und Handlungen nachdenken. Da dies nicht immer der Fall ist, ist die Anregung zum Nachdenken generell eine gute Idee.

In dieses Nachdenken objektive Einschätzungen und Zusammenhänge einzubauen, fällt nicht immer leicht. Um realitätsnah entscheiden zu können, ist dies aber zwingend erforderlich.

Besonders hilfreich sind strukturierte erste Einschätzungen. Einzelne Aspekte werden also nicht nur durchdacht, sondern es erfolgt eine grobe Bewertung, ob sie positiv oder negativ sind oder derartige Auswirkungen zu erwarten sind.

Systematisches „Langsames Denken" wäre eine gute Wahl beim Nachdenken. Beim ersten Nachdenken über Sachverhalte wird „Schnelles Denken" sehr häufig vorkommen und es kann ebenfalls gute Dienste leisten.

Zu 2.) Ideen für Verbesserungen sammeln

Es ist immer von Vorteil, Ideen zu einem frühen Zeitpunkt zu sammeln und sie nicht sofort einzeln einer Bewertung zu unterziehen. So lassen sich bereits Trends bei den Ideen und Verbesserungsvorschlägen erkennen.

Somit wäre fast „Schnelles Denken" für die Sammlung von Ideen zu bevorzugen. Als Brainstorming ist es uns allen geläufig. Wenn man eine ausreichende Zahl Ideen auswerten kann, bekommt man ein sicheres Gefühl für die wahrscheinlich zielführenden Ideen.

Viele Ideen haben heutzutage kommerziellen Charakter. »Menschheit 10.0« möchte aber verstärkt nicht-kommerzielle Ideen einbeziehen. Diese sind unter Umständen von viel größerem gesellschaftlichem Nutzen. Außerdem kann so die Sichtbarkeit von gemeinschaftlichem Engagement gesteigert werden.

Kurzfristige Ideen lösen aktuelle Herausforderungen. Mittel- und langfristige Ideen dürfen aber nicht zu kurz kommen. Sie sind oft effizienter und nachhaltiger.

Für die Entwicklung des Werte-/Bewertungssystems selbst sind langfristige und nachhaltige Ideen und systematisches „Langsames Denken" gefragt.

Zu 3.) Zusammenhänge berücksichtigen

Ideen und Konzepte sind oft sehr stark auf einen bestimmten Bereich fixiert. Zusammenhänge werden zu wenig berücksichtigt oder bewusst ignoriert. Durch ein gutes Marketing schaffen es viele Ideen und Konzepte, sich trotzdem durchzusetzen. Viele Berechnungen des Nutzens sind rein betriebswirtschaftlich und nicht volkswirtschaftlich und schon gar nicht im Sinne aller Menschen auf der Erde. Gewinne werden gern mitgenommen, die Folgekosten für Umwelt- oder Gesundheitsschäden soll dann jedoch die Allgemeinheit tragen.

Nur ein Umdenken kann diese Situation ändern. Teilweise findet dieses Umdenken schon statt und Nachhaltigkeit spielt eine zunehmend größere Rolle. Aber in vielen Bereichen bestehen noch große Verbesserungspotentiale.

Möglichst viele Zusammenhänge zu berücksichtigen ist mühsam und zeitaufwändig. Deshalb möchte »Menschheit 10.0« die Überlegungen zu einem frühen Zeitpunkt anstoßen und nicht erst, wenn die Probleme akut werden. Wenn wir uns auf die wichtigen Dinge konzentrieren, haben wir auch genug Zeit für Zusammenhänge und die Optimierung der Lösungen.

Die aktuelle Sichtweise des ständigen quantitativen Wachstums ist nicht mehr zu halten. Eine Verbesserung der Qualität ist in vielen Bereichen notwendig und sinnvoll. Gute Qualität macht zufrieden, schützt die Umwelt und sichert unsere Existenz.
Hohe Qualität brauchen wir ebenfalls bei der Berücksichtigung von Zusammenhängen und generell bei »Menschheit 10.0«.

Zu 4.) Einschätzung aktueller Stand

Objektiv richtige und nachvollziehbare Einschätzungen zu treffen, ist nicht immer einfach. Zum einen fehlen anfangs häufig notwendige Informationen, zum anderen wird die Realität oft verfälscht. Möglichst viele richtige Informationen zu beschaffen, ist eine der Aufgaben des 3. Schrittes, bei dem möglichst viele Zusammenhänge berücksichtigt werden sollen. Zeit und Ressourcen sind aber nur begrenzt vorhanden. Zu richtigen Einschätzungen kann man jedoch auf verschiedene Art und Weise kommen.

Man kann viele schnell getroffene Einschätzungen statistisch auswerten und die ermittelten Ergebnisse nutzen. Oder sehr viele Informationen werden zusammengezogen, wenige Wissenslücken zugelassen und man nimmt sich Zeit für intensives Nachdenken. Wir nutzen sicherlich beides.

Hier kommt ein Prinzip von »Menschheit 10.0« ins Spiel. Die Entscheidungskriterien sind mit den 5 festgelegten Schwerpunkten möglichst einfach gewählt worden. Somit kann sowohl das „Schnelle Denken" wie auch das „Langsame Denken" bei der Einschätzung zum gewählten Sachverhalt / Trend einbezogen werden. Dies fördert wesentlich mehr Sichtweisen zutage und entspricht unserem normalen Denkverhalten.

Ein paar Worte zum Vorgehen. Zunächst wird gefragt, wie sich der gewählte Sachverhalt auf die 5 Schwerpunkte auswirkt. Die Situation, der Zustand, die Aktivität ... wirkt sich positiv oder negativ aus auf:

- die gesamte Menschheit
- die Gemeinschaft
- die Menschen
- das nahe Umfeld
- die gesamte Umwelt.

Die Antworten werden gesammelt. Um genauere Einschätzungen treffen zu können, ist eine Quantifizierung notwendig. Somit ergibt sich ein weiterer Zwischenschritt. Es müssen geeignete Abstufungen für die Quantifizierung gewählt werden. Zum Beispiel können, wie im dargestellten Bild: „Einschätzung zum aktuellen Stand" zu sehen ist, 3 negative und 3 positive Abstufungen gewählt werden. Dies hat den Vorteil, dass gleichzeitig eine neutrale Stufe existiert. Wenn ein Schwerpunkt keine Bedeutung hat, kann er so als nicht relevant (neutral) bewertet werden.

Situation, Zustand, Aktivität, Trend, Person, Organisation, Struktur, Beziehung, ...

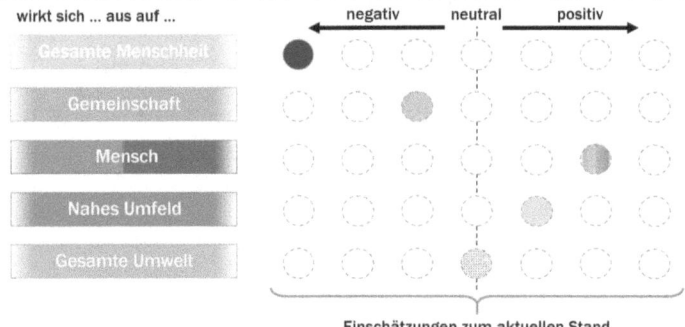

Abbildung 5: Einschätzungen zum aktuellen Stand

Es kann möglich sein, dass die gewählten Stufen nicht zu den Einschätzungen für den konkreten Sachverhalt passen. Die Abstufungen müssen dann nochmals angepasst werden.

Ziel ist es letztlich, für den aktuellen Stand des Sachverhaltes eine möglichst gute Einschätzung zu bekommen.

Zu 5.) Entwicklungen und Ideen abschätzen

Der aktuelle Stand des Sachverhaltes ist nicht immer entscheidend, sondern die Veränderung des Sachverhaltes in der Zukunft können wichtiger sein. Dementsprechend wird dies beim Werte-/Bewertungssystem von »Menschheit 10.0« berücksichtigt.

Das Vorgehen ähnelt dem bei der aktuellen Bewertung eines Sachverhaltes. Es kommen lediglich noch weitere Einschätzungen zum möglichen Stand in der Zukunft hinzu. Hierfür muss festgelegt werden, welche Zeithorizonte, xx-Jahre in der Zukunft gewählt werden sollen.

Anders als bei der Abschätzung des aktuellen Standes kann bei der Abschätzung von zukünftigen Entwicklungen nicht auf bestehende Daten zurückgegriffen werden. Es kann sein, dass man ein Nachdenken über die zukünftigen Entwicklungen erst noch anstoßen muss. Ob letztlich fundierte Aussagen getroffen werden können, hängt insbesondere vom Sachverhalt selbst ab. Bei allen Schwierigkeiten haben Vorhersagen aber einen außerordentlichen Wert, insbesondere um Trends frühzeitig beeinflussen zu können.

Wie im nachfolgenden Bild: „Entwicklungen abschätzen" zu sehen, interessiert bei diesen Bewertungen der Trend pro Schwerpunkt.

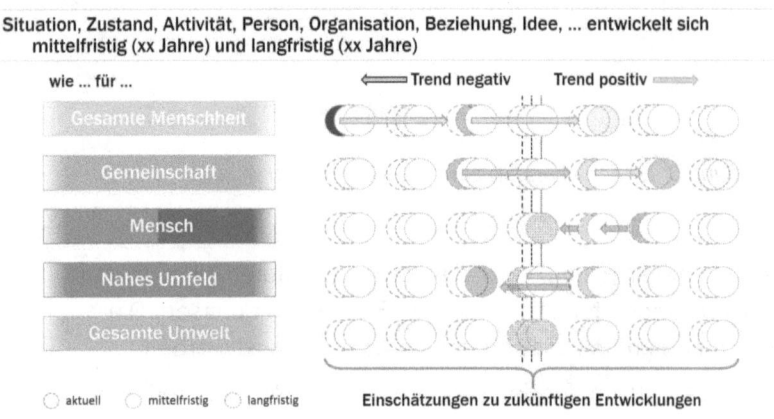

Abbildung 6: Entwicklungen abschätzen

Es kann ein Sachverhalt aktuell als sehr positiv bewertet worden sein, er entwickelt sich aber negativ. Dies ist eine wichtige Information, um begründete präventive Maßnahmen ergreifen zu können.

Die Einschätzungen zum aktuellen Stand sind bereits hilfreich. Für ein Zukunftskonzept wie »Menschheit 10.0« sind Trends aber vermutlich noch wichtiger.

Nur wissenschaftlich fundiertes Arbeiten („Langsames Denken"), verbunden mit viel Rechnerleistung und unter Einbeziehung „Künstlicher Intelligenz" wird bei dem Bewerten von Trends zu optimalen Ergebnissen führen.

Zu 6.) Gemeinsame Ziele definieren und Lösungen finden

Nachdem klar ist, welchen aktuellen Stand ein Sachverhalt hat und wohin er sich wahrscheinlich entwickeln wird, kann über konkrete Lösungen für Verbesserungen nachgedacht werden.

Lösungen können spontan durch „Schnelles Denken" wie auch durch systematisches „Langsames Denken" entstehen. Welche Lösung letztlich gewählt wird, ist allerdings ein wichtiger Entscheidungsprozess. Dieser muss fundiert und die Lösungen müssen logisch und nachhaltig sein. Deshalb wären Schnellschüsse nicht geeignet, es ist „Langsames Denken" erforderlich.

Spätestens bei der endgültigen Wahl der Lösungen spielen die Interessen von Personen oder Organisationen eine Rolle. Dies kann zu Verzögerungen führen und eine unparteiische Bewertung gefährden. Ist jedoch eine Lösung objektiv richtig gefunden, wird sich keine Person oder Organisation dauerhaft gegen diese wehren können.

Wenn extreme Blockaden oder zu starke zeitliche Verzögerungen entstehen, sollte man jedoch auch über alternative Lösungen nachdenken.

Zu 7.) Idee(n) umsetzen und Fortschrittskontrolle

Die Ideen bzw. potenziellen Lösungen müssen umgesetzt werden. Außerdem ist eine Fortschrittskontrolle unverzichtbar.

Das ist für »Menschheit 10.0«-bewertete Lösungen nicht anders als für andere Implementierungen. Es gibt genug Erfahrungen und es stehen zahlreiche Hilfsmittel zur Verfügung.
Auch in dieser Phase sind Kreativität, Ideen für eine hohe Effizienz immer willkommen.

Das Werte-/Bewertungssystem

Im vorherigen Kapitel „Vorgehen pro Sachverhalt/Trend" in den Abschnitten „Zu 4. Einschätzung aktueller Stand" und „Zu 5. Ideen und Entwicklungen abschätzen" wurde bereits auf das Werte-/Bewertungssystem von »Menschheit 10.0« eingegangen.

Da die genauen Details, wie das Werte-/Bewertungssystems von »Menschheit 10.0« aufgebaut sein könnte, für das Gesamt-verständnis nicht entscheidend sind, wurde dieser Teil in den Anhang 1 „Details zum Werte-/Bewertungssystems" verlagert. Nachfolgend werden einige für das Verständnis hilfreiche Aspekte des Werte-/Bewertungssystems betrachtet.

Das Werte-/Bewertungssystem von »Menschheit 10.0« besteht aus zwei Teilen.

Der erste Teil umfasst die qualitative Bewertung von Sachver-halten, Trends und Ideen unter Nutzung der Schwerpunkte von »Menschheit 10.0« als Bewertungskriterien. Dies wurde bereits im vorherigen Kapitel beschrieben. Die qualitative Bewertung verschafft einen guten Überblick und hilft die wichtigen Sach-verhalte, Trends und Ideen herauszufinden.

Das Werte-/Bewertungssystems soll jedoch noch weitere Aufgaben erfüllen und praktisch nutzbar sein.
Dies wird möglich, indem die Bewertungen der Sachverhalte, Trends und Ideen zu einer Quantifizierung führen.
Genau diese Quantifizierung ist im Anhang 1: „Details zum Werte-/Bewertungssystems" beschrieben. An dieser Stelle werden einige Kernelemente genannt.

Pro Sachverhalt / Trend gibt es die fünf Schwerpunkte:

- die gesamte Menschheit
- die Gemeinschaft
- die Menschen
- das nahe Umfeld
- die gesamte Umwelt.

Die Bedeutung der Schwerpunkte für den jeweiligen Sachverhalt / Trend wird mittels Faktoren in eine geeignete Relation gebracht.

Für jeden der fünf Schwerpunkte erfolgt je eine Bewertung für die

- aktuelle Situation
- mittelfristige Entwicklung
- langfristige Entwicklung.

Um die Bedeutung der Bewertungszeitpunkte variieren zu können, werden für diese Zeitpunkte ebenfalls Faktoren vorgesehen.

Da die Sachverhalte / Trends unterschiedliche Bedeutung für die Gesellschaften haben, müssen sie aufeinander abgestimmt werden. Hierfür gibt es weitere Faktoren.

Sondersituationen wie zum Beispiel die „Corona-Pandemie" führen zu veränderten Priorisierungen. Dies betrifft sowohl die Bewertungsschwerpunkte wie auch die Bewertungszeitpunkte. Sinnvollerweise werden diese Veränderungen ebenfalls über Faktoren eingestellt.

Bereits an dieser kurzen Beschreibung ist zu erkennen, dass echte quantifizierte und nutzbare Bewertungen nicht einfach zu erreichen sind. Die Entwicklung des endgültigen Bewertungsmechanismus wird noch viele Experten beschäftigen. Wir können jedoch davon ausgehen, dass dies keine unlösbare Aufgabe ist.

Es wird ein Werte-/Bewertungssystem geben, das quantifizierte Einschätzungen liefert, welche Sachverhalte / Trends für uns Menschen wie wichtig sind.

Da die spezifischen Werte der Sachverhalte / Trends über Faktoren in Relation zueinander gesetzt werden, entstehen allgemeingültige Werteeinheiten.

Diese wollen wir »Menschheitspunkte« nennen.

An den folgenden Beispielen werden die möglichen Ergebnisse der Bewertungen nochmals verdeutlicht.

Es gibt für sehr wichtige und sehr positiv bewertete Sachverhalte / Trends sehr viele »Menschheitspunkte«.

Wie bereits im vorherigen Kapitel beschrieben, sind neutrale

Bewertungen möglich. Es gibt beispielsweise keine Punkte bei fehlender Bedeutung der Bewertung.

Im vorgeschlagenen Werte-/Bewertungssystem sind auch negative »Menschheitspunkte« möglich. Sehr wichtige und sehr negativ bewertete Sachverhalte / Trends bekommen folglich sehr viele negative »Menschheitspunkte«.

Alle anderen Bewertungen werden sich zwischen den positiven und negativen Extremen bewegen. Sachverhalte / Trends können also je nach Bewertung positive oder negative »Menschheitspunkte« bekommen.

Spätestens nach der quantifizierten Bewertung ist klar, welche Sachverhalte / Trends entscheidend für uns Menschen sind und somit Priorität haben müssen.

Wenn also nun Sachverhalte / Trends einen bestimmten Wert, »Menschheitspunkte« haben, ergeben sich weitere Anwendungsfälle. Die wichtigste Anwendung ist die Sachverhalte / Trends mit Personen und Organisationen zu verbinden.

Ein Beispiel soll die bisherigen Ausführungen verdeutlichen. Eine Firma erfüllt einen Umweltgrenzwert. Dieser Umweltgrenzwert ist der Sachverhalt. Die Bewertung des aktuellen Standes ergibt lediglich die Erfüllung der Vorgaben, also keine positive und keine negative Bewertung. Dafür gibt es keine »Menschheitspunkte«.

Die Firma investiert, um Schadstoffe zu reduzieren. Innerhalb des mittelfristigen Bewertungszeitraumes werden die Schadstoffe um 30 % reduziert, langfristig um weitere 50 %. Die Firma bekommt also für die mittel- und langfristigen Verbesserungen »Menschheitspunkte«.

Es ergeben sich mehrere positive Effekte.

Der Haupteffekt ist die Verringerung der Schadstoffe. Da es klar ist, dass es »Menschheitspunkte« nur für positive Leistungen gibt, verbessert sich die Reputation der Firma in der Öffentlichkeit.

»Menschheitspunkte« stellen außerdem einen Wert dar. Es ist sinnvoll, dies gesellschaftlich anzuerkennen, zum Beispiel in Form von Erleichterungen für das Investment.

Die Einhaltung der mittel- und langfristigen Ziele wird als gegebenes Versprechen kontrolliert.

Betrachten wir diesen Fall in unserem aktuellen Umfeld. Betriebs-wirtschaftlich gesehen, ist es nicht sinnvoll zu investieren, da die Grenzwerte bereits eingehalten werden. Wenn keine Veränderungen der Grenzwerte anstehen, sodass zukünftig Strafen drohen, investieren die Firmen nicht. Die Investition würde sich „nicht rechnen".

Die »Menschheitspunkte« mit Personen und Organisationen zu verbinden, bringt also entscheidende Vorteile.

Personen und Organisationen lassen sich beispielsweise objektiver miteinander vergleichen und Wettbewerb ist bekanntlich wichtig, um „das Geschäft zu beleben", Entwicklungen voranzutreiben. Wenn dieser Wettbewerb durch ein durchdachtes und transparentes Werte-/Bewertungssystem gesichert ist, steigt auch das Vertrauen der Menschen.

Die »Menschheitspunkte« sind neu. Somit ergeben sich weitere interessante Aspekte.

Die »Menschheitspunkte« können unmittelbar für neu festgelegte oder neu priorisierte gesellschaftlichen Ziele benutzt werden. »Menschheitspunkte« entstehen nur bei positiven Effekten für die Menschen. Jeder »Menschheitspunkt« hat also einen direkten gesellschaftlichen Gegenwert.

Somit könnten »Menschheitspunkte« als eine Art „Wertschöpfungs-Währung" der Zukunft fungieren.

Die Personen / Organisationen, die die »Menschheitspunkte« erhalten haben, können diese dann zum Beispiel für wichtige Posten oder exklusive Leistungen der Gesellschaft einlösen.

Die möglichen Vorteile für Organisationen hängen sehr von der Art der Organisation ab.

Einen weiteren Vorteil von »Menschheit 10.0« wollen wir anhand des nachfolgenden Beispiels herleiten.

Nach den bisherigen Berechnungen werden die notwendigen Ziele zur CO_2-Reduktion vermutlich nicht erreicht. Um die Ziele erreichen zu können, müssten in den industrialisierten Ländern ausnahmslos alle mitarbeiten und ihren Energieverbrauch um mehr als 50 % reduzieren. Ein Anreizsystem, was speziell für dieses Ziel geschaffen wird, ist sicher eine gute Sache.

Bisher hat jedoch beispielsweise der Handel von „Luftverschmutzungszertifikaten" leider nicht die gewünschte Wirkung erzielt. Es fehlen sowohl der Wille zur angemessenen Bepreisung der Luftverschmutzung wie auch die unmittelbare Einbeziehung aller.

Die Luftverschmutzung ist nicht unser einziges Problem. Es gibt Plastik im Meer, Verseuchung der Böden und vieles mehr.

Wollen wir wirklich für jedes einzelne Problem der Menschheit einen eigenen Lösungsmechanismus vorsehen?

Können wir es den Menschen zumuten, sich ständig mit neuen Problemen und deren unterschiedlichen Lösungsmechanismen auseinanderzusetzen?

Oder wäre nicht ein ganzheitlicher Ansatz wie das Werte-/Bewertungssystem von »Menschheit 10.0« die bessere Alternative?

Im weiteren Verlauf des Buches gehen wir noch stärker auf die Möglichkeiten und Vorteile von »Menschheit 10.0« und dem Werte-/Bewertungssystem ein.

Bei aller Euphorie und Optimismus für potentielle Lösungen darf man bei »Menschheit 10.0« mögliche Missbräuche nicht aus den Augen verlieren. Diese wird es immer geben. Wir haben jedoch genug Erfahrungen mit anderen Systemen, um Vorkehrungen zu treffen und falls nötig, wirksame Sanktionen einzusetzen.

»Menschheitspunkte« und andere Werte

Die quantitativen Bewertungen eines Sachverhaltes ergeben die Bedeutung des Sachverhaltes für uns Menschen. Eine große Bedeutung führt zu vielen »Menschheitspunkten«. Um unterschiedlichste Sachverhalte miteinander vergleichen zu können, werden Skalierungen vorgenommen.

Das Werte-/Bewertungssystem wird, parallel zu allem Existierenden, neu aufgebaut. Es kann in sich stimmig entwickelt werden und wird funktionieren.

Das Werte-/Bewertungssystem von »Menschheit 10.0« ist dann aber lediglich eines von vielen Werte-/Bewertungssystemen.

Die meisten Werte-/Bewertungssysteme sind für ausgewählte Zwecke mit speziellen Bewertungskriterien geschaffen worden, zum Beispiel für Produktbewertungen, Bewertung von erbrachten Leistungen, „Like-Buttons" in den sozialen Netzwerken.

Was dabei bewertet wird, sind im Sinne von »Menschheit 10.0« Sachverhalte. Allerdings folgen die aktuellen Bewertungen nicht immer klaren und objektiven Kriterien. „Likes" beispielsweise sind teilweise sehr subjektive Einschätzungen. Die Bedeutung eines einzelnen „Like" ist mittlerweile gering. Nur eine Masse von „Likes" ist wirklich von Interesse. Andere Auswüchse in existierenden „Werte-/Bewertungssystemen" sind Verleumdungen und „Shitstorms" oder massenhafte „Dislikes". Diese führen nicht selten zu Verunsicherungen und psychischen Problemen bei den Betroffenen.

Wie „erholsam" sind da Werte-/Bewertungssystem mit klaren festgelegten Kriterien!

Die existierenden Werte-/Bewertungssysteme lassen sich teilweise für »Menschheit 10.0« nutzen. Bei anderen muss man die Sinnhaftigkeit überdenken oder Anpassungen vornehmen. Besonders wichtig ist, auf zielorientierte und transparente Kriterien zu achten.

Umfassendere gesellschaftliche Werte-/Bewertungssysteme existieren beispielsweise für politische und wirtschaftliche Systeme, religiöse Gruppen, ideologische Strömungen. Diese haben wie »Menschheit 10.0« eine ähnlich umfassende Ausrichtung auf eine Vielzahl von Themen. Bedauerlicherweise sind diese Systeme und deren Werte und Kriterien nicht miteinander kompatibel.

Konflikte entstehen dadurch, dass die gesellschaftlichen Systeme im Wettbewerb um die Menschen stehen. Wettbewerb selbst ist nichts Schlechtes. Allerdings werden dabei viel zu viele den Menschen dienende Werte und Regeln nicht angemessen berücksichtigt.

Es stellt sich die Frage, in welchem Verhältnis das Werte-/Bewertungssystem von »Menschheit 10.0« zu den anderen Werte-/Bewertungssystemen steht.

Das Werte-/Bewertungssystem von »Menschheit 10.0« ist ein offenes und neues System. Das heißt, es gibt (noch) keine unumstößlichen Werte und Regeln. So entsteht die Möglichkeit eine sachverhaltsbezogene Toleranz zu entwickeln. Es geht nicht „um das Prinzip" sondern um Lösungen für die Menschen.

Mit dem Werte-/Bewertungssystem von »Menschheit 10.0« sind wir in der Lage, eine wirklich neue Sicht auf die Welt zu generieren. »Menschheit 10.0« fokussiert sich auf Sachverhalte und die Zukunft. Historische Ereignisse, Ideologien und so weiter spielen eine untergeordnete Rolle.

Das Werte-/Bewertungssystem von »Menschheit 10.0« ist offen für die anderen Werte- und Bewertungssysteme. Es hat zum Beispiel den Glauben „an eine höhere Macht" nicht als Kriterium, aber es schließt auch nicht aus, dass der Glaube und religiöse Regeln hilfreich sein können.

Obwohl das Werte-/Bewertungssystem von »Menschheit 10.0« offen und flexibel ist, hat es doch klare Vorstellungen, welche Werte wichtig sind. Die Werte müssen den Menschen dienen.

Die Ausrichtung der Werte wird über die 5 Schwerpunkte festgelegt und durch offene Fragen implementiert.

Ist die Situation, der Zustand, die Aktivität, die Idee ...

positiv oder negativ für

- die gesamte Menschheit
- die Gemeinschaft
- die Menschen
- das nahe Umfeld
- die gesamte Umwelt?

»Menschheit 10.0« erfindet im Prinzip keine neuen Werte. Es wird analysiert und bewertet, ob existierende Werte positive oder negative Wirkung haben. Die bestehenden Werte- und Bewertungssysteme werden also direkt oder indirekt beeinflusst.
Im Sinne von »Menschheit 10.0« sind die bestehenden Werte-/Bewertungssysteme wie auch »Menschheit 10.0« selbst, Sachverhalte die bewertet werden. Mit »Menschheit 10.0« wird sozusagen der Wettbewerb angekurbelt, damit sich bestehende Systeme weiterentwickeln. Während nicht zukunftsfähige Werte an Bedeutung verlieren, werden positive Werte gestärkt.

»Menschheit 10.0« hat das Potenzial, als Vision den Zusammenhalt unter den Menschen zu stärken und mit seinem Werte-/Bewertungssystem positive Entwicklungen gezielt zu fördern. Es ist geeignet, als verbindender, kleinster gemeinsamer Nenner und verbindendes Element für die vielen verschiedenen Gesellschaftssysteme und Gemeinschaften zu fungieren.

Falls jemand Geld als Wert vermisst, hilft vielleicht dieser Gedanke: Geld an sich hat keinen objektiven Wert. Geld fungiert als eine Art Hilfsmittel für den Austausch von Waren, Dienstleistungen und tatsächlichen Werten. Mit Geld werden leider selbst echte menschliche Werte (beispielsweise die Moral) ver- und gekauft. Jeder kennt den Bezug des Geldes zu Mord, Bestechung, Unterdrückung und vielem mehr. Das ist möglich, da Geld keinerlei moralische Bindung hat.

Nicht jeder wird der Aussage zur Wertlosigkeit von Geld sofort zustimmen. Aber erinnern wir uns an das „Wüstenbeispiel" im Kapitel „Prinzipien". Ein Sack voller Geld würde den Durst in der Wüste nicht stillen können.

Die Corona-Krise ist ebenfalls ein gutes Beispiel dafür, dass Geld maximal einen relativen Wert hat.

Es wurden im Monatstakt Milliarden von Euro, Dollar usw. „in den Markt gepumpt". Einzelne Menschen und Organisationen legten und legen den Wert und die Verteilung des Geldes mehr oder weniger nach ihrem Ermessen fest. Nicht nur dadurch wird der Wert des Geldes sogar von höchster Stelle aus relativiert. Im Übrigen wird mit dem größten Teil des "Frischen Geldes" gleich wieder am Kapitalmarkt spekuliert. Die Menschheit erlebte einen Tiefpunkt und die Börsen neue Höchststände – wie pervers!

Die »Menschheitspunkte« können als eine Art am Nutzen orientierte „Alternativ-Währung" eingesetzt werden. Sie entstehen nur, wenn Sachverhalte eindeutig positiv für die Menschen und die Umwelt sind. Es gibt einen echten Gegenwert für jeden entstandenen »Menschheitspunkt«. Wenn heutzutage schnell mal die Gelddruckmaschinen angeworfen werden, gibt es keinen Gegenwert, sondern eine Entwertung des im Umlauf befindlichen Geldes. Dies ist insbesondere deshalb problematisch, weil die sparsamen, Ressourcen schonenden Menschen „bestraft" werden.

»Menschheitspunkte« können über die gewählten Kriterien mit moralischen Werten verbunden werden. Dies sollte nicht nur für uns Menschen, sondern auch für viele Organisationen interessant sein.

Verschiedene Aspekte der »Menschheitspunkte«

Bevor die »Menschheitspunkte« mit Personen und Organisationen in Verbindung gebracht werden können, muss noch einiges geklärt werden.

Ein Werte-/Bewertungssystem, welches nur mit einer „Handschlag-Anerkennung" arbeitet, kann unter bestimmten Umständen über einige Zeit gut funktionieren. Auf Dauer werden sich (zu) wenige Menschen aufopfern, ohne nicht wenigstens Aussicht auf Anerkennung zu haben.

Wenn starke Motivationen für alle Menschengruppen erforderlich sind und noch dazu schnell Effekte erzielt werden sollen, sind Lösungen gefragt, die einen Gegenwert beziehungsweise einen Belohnungseffekt bieten. Insbesondere in den letzten Jahrzehnten wurden wir Menschen auf Gegenwertsysteme fokussiert.

Man kann sich darüber streiten, ob dies eine gute Entwicklung war (ist), kommt jedoch um die aktuelle Erwartungshaltung der breiten Masse der Menschen nicht herum. Schaut man sich in unserem Leben etwas um, gibt es ohnehin viele teilweise versteckte Belohnungs- und Gegenwertmechanismen.

Das Werte-/Bewertungssystem von »Menschheit 10.0« ist vom Grund her zunächst kein Gegenwertsystem. Es wird aufzeigen, was positiv und was negativ für uns Menschen ist. Diese Bewertungsergebnisse können selbst schon zu Erkenntnissen führen und Reaktionen auslösen. »Menschheit 10.0« fördert Transparenz und Zielorientierung. Diese Effekte stellen bereits Werte für die Gesellschaften dar.

Die Konsequenzen aus den bei »Menschheit 10.0« gewonnenen qualitativen Erkenntnissen umzusetzen, bleibt zunächst den bestehenden Werte-/Bewertungssystemen vorbehalten.

Sobald jedoch quantitative Bewertungen des Werte-/Bewertungssystem von »Menschheit 10.0« verfügbar sind, ergeben sich viele weitere Möglichkeiten.

Da »Menschheit 10.0« ein Zukunftskonzept für alle Menschen ist, muss es alle unterschiedlichen und zum Teil gegensätzlichen (positive und negative) Eigenschaften von uns Menschen berücksichtigen.

Um möglichst viele Menschen einzubeziehen, erhält das Werte-/Bewertungssystem von »Menschheit 10.0« einen Belohnungs- und Gegenwertsystemteil. Wer an den Wertschöpfungen für uns Menschen aktiv mitarbeitet, soll einen Gegenwert in Form von »Menschheitpunkten« bekommen (können).

Warum bekommen können?

Wer sich ausschließlich aus moralischen oder eigenen Gründen für die Gesellschaft einsetzen möchte, kann dies selbstverständlich gern tun. Der Erhalt von »Menschheitpunkten« kann abgelehnt werden. Aber vielleicht wäre es sogar besser, die erhaltenen Punkte anderen gemeinnützigen Projekten zukommen zu lassen.

Mit dem letzten Punkt sind wir schon mitten in den Betrachtungen, was »Menschheitpunkte« bewirken sollen und wie sie unter welchen Umständen mit anderen Werten zusammenhängen.

Transparenz und Erkenntnisse fördern, ist bereits eine Interaktion. Bei »Menschheit 10.0« werden außerdem Werte aus anderen Systemen danach beurteilt, ob sie positive oder negative Effekte für uns Menschen haben.

Aber in welchem quantifizierbaren Verhältnis stehen die »Menschheitpunkte« mit anderen Werten?

Wie sind die »Menschheitpunkte« mit den Akteuren, den Personen und Organisationen verbunden?

»Menschheitspunkte« für Personen / Organisationen

Für die nachfolgenden Betrachtungen gehen wir davon aus, dass das Werte-/Bewertungssystem von »Menschheit 10.0« sinnvolle und objektiv richtige Einschätzungen liefert sowie, dass den »Menschheitspunkten« ein angemessener gesellschaftlicher Gegenwert gegenübersteht.

Wenn also klar ist, wie viele »Menschheitspunkte« für welche Leistungen vergeben werden, kann man diese mit Personen und Organisationen in Verbindung bringen. Sowohl Personen als auch Organisationen können durch Erbringung der erforderlichen Leistungen oder Erfüllung bestimmter Kriterien »Menschheitspunkte« erhalten.

Insbesondere in der Einführungsphase wäre ein auf Freiwilligkeit basiertes Geschehen begrüßenswert. Personen und Organisationen könnten »Menschheitspunkte« sammeln, um zum Beispiel

- gezielt zum Wohle der Menschen zu arbeiten
- die für die Gesellschaft erbrachten Leistungen darzustellen
- ein negatives Image zu verbessern

und falls bereits Gegenwerte definiert sind

- Leistungen von der Gesellschaft zu erhalten
- gehobene Stellungen in der Gesellschaft wahrnehmen zu können.

Der Erfolg von auf Freiwilligkeit basierten Systemen hängt maßgeblich davon ab, wie überzeugend motiviert werden kann. Damit sind bei Freiwilligkeit erreichbare attraktive Gegenwerte ein Muss.

Leider gibt es mit Freiwilligkeit nicht nur gute Erfahrungen. Somit kommt ein weiteres Geschehen ins Spiel, das mit konkreten Festlegungen arbeitet.

So wäre denkbar, dass jede Organisation eine Mindestanzahl von »Menschheitspunkten« erzielen muss. Dies könnte durch eine Zertifizierung bestätigt werden. Organisationen kennen sich mit solchen Systemen aus. ISO-Standards definieren beispielsweise das

Vorgehen und die Bewertungskriterien für Managementsysteme und Umweltzertifizierungen. Wenn also ein derartiger Weg für die »Menschheitspunkte« gewählt wird, ist das für Organisationen zu bewältigen. Voraussetzung ist allerdings, dass umsetzbare Bewertungskriterien vorhanden sind.

Mit verpflichtenden Systemen kann ein größerer Druck aufgebaut werden, um bestimmte Ziele schneller erreichen zu können.

Für Personen ist ein verpflichtendes Zertifizierungssystem sicherlich nicht geeignet und würde nicht den Grundsätzen von »Menschheit 10.0« entsprechen.

Nichtsdestoweniger wäre es denkbar, dass für die Ausübung wichtiger gesellschaftlicher Stellungen in wichtigen Organisationen eine Mindestanzahl von »Menschheitspunkten« erreicht werden muss. Da echte Leistungen erbracht werden müssen, würde die entsprechende Stellung sogar aufgewertet.

An dieser Stelle noch ein generelles Statement hinsichtlich der Bewertung von Personen. Das Werte- und Bewertungssystem von »Menschheit 10.0« bewertet schwerpunktmäßig für uns Menschen wichtige Sachverhalte, Trends und Ideen. Obwohl die für die Gesellschaften entscheidende Sachverhalte und Trends sehr stark durch Organisationen beeinflusst werden, ist die Zuordnung von »Menschheitspunkten« zu Personen wichtig. Je mehr Personen und Organisationen sich bei »Menschheit 10.0« beteiligen, umso größer sind die positiven Effekte.

Viele Menschen schrecken auf, wenn es um Bewertungen geht. Dabei finden ständig Bewertungen statt. Bei Wettkämpfen nehmen die Menschen organisiert daran teil. „Likes" im Internet und Bewertungen von Leistungen im Beruf sind selbstverständlich. Selbst im privaten Bereich sind Vergleiche allgegenwärtig. Fundamentierte und geregelte Bewertungen sind auf jeden Fall die bessere Lösung als auf Unwahrheiten beruhende anonyme Einschätzungen, Shitstorms und Mobbing.

Wenn das Werte-/Bewertungssystem von »Menschheit 10.0«
als ein vertrauenswürdiges, auf Fakten beruhendes System
etabliert wird, könnte es weitere positive Effekte geben.
Im 3. Teil dieses Buches wird das Vorgehen und die Wirkungs-
weisen von »Menschheit 10.0« an Beispielen näher erläutert.

Im nächsten Kapitel folgen zunächst noch ein paar Gedanken,
wie die Rahmenbedingungen für »Menschheitspunkte« ausgestaltet werden können.

»Menschheitspunkte« organisieren

Auch wenn es nicht einfach wird, können wir uns auf die für uns Menschen wichtigen Sachverhalte sicherlich einigen und diese entsprechend ihrer Bedeutung quantifizieren. In der Handhabung von Bewertungs- und Punkte-Systemen haben wir ausreichend Erfahrungen. Es wird also einen in sich funktionierenden Mechanismus geben, bei dem »Menschheitspunkte« entstehen.
Eine Insellösung ist aber weder realistisch noch sinnvoll. Für das Werte-/Bewertungssystem von »Menschheit 10.0« müssen unter Beachtung weiterer Zusammenhänge zusätzliche Überlegungen angestellt werden.

Da Geld in vielen Punkte-Systemen eine Rolle spielt, baut sich reflexartig die Frage auf: In welchem Verhältnis stehen die »Menschheitspunkte« zum Geld?
Die Antwort ist nicht einfach und davon abhängig, wie mutig wir die »Menschheitspunkte« einführen wollen.
Eines vorweg – die »Menschheitspunkte« werden Geld nicht ersetzen können und wollen. Das Geld selbst ist ohnehin nicht das Problem, sondern die ungleiche Verteilung von Geld und Eigentum.

Wenden wir uns zunächst der Frage zu, wem die erworbenen »Menschheitspunkte« gehören. Jeder Person oder Organisation, die die »Menschheitspunkte« aufgrund ihrer Leistung bekommt, gehören diese Punkte. Das war einfach und so zu vermuten. Es ergeben sich allerdings unzählige weitere, noch zu klärende Zusammenhänge. Nachfolgend werden einige näher betrachtet.

Die »Menschheitspunkte« entstehen auf Basis der Bewertung von Sachverhalten, Trends und Ideen. Der Wert eines »Menschheitspunktes« ist für alle Personen oder Organisationen gleich. Damit wäre nicht nur ein Austausch von »Menschheitspunkten« zwischen Personen oder zwischen Organisationen denkbar, sondern »Menschheitspunkte« könnten auch von Personen auf Organisationen oder umgekehrt übergehen.
Nur – Wollen wir das?

Denkbar wäre, dass »Menschheitspunkte« in zwei Ausprägungen existieren, eine Sorte für Personen und eine für Organisationen. Beide Sorten können nicht zwischen den Gruppen getauscht oder transferiert werden. Damit ergeben sich Erleichterungen bei den Bewertungen. Es müssen nicht zwanghaft die Leistungen von Personen und Organisationen aufeinander abgeglichen werden.

Würden die »Menschheitspunkte« ausschließlich direkt mit einer Person oder Organisation verbunden, die die Leistung erbracht hat, ergibt sich ein sehr sicheres Werte-/Bewertungssystem. Es bestünde keinerlei Möglichkeit, dass Personen und Organisationen anderen ihre »Menschheitspunkte« entwenden können. Erfahrungen mit und Technologien für ein derartiges System sind bereits vorhanden.

Bei einer festen Verbindung der »Menschheitspunkte« mit den Personen und Organisationen gibt es weitere interessante Aspekte.

Zum Beispiel könnten »Menschheitspunkte« im Falle des Todes der Person oder dem Verschwinden der Organisation wieder „entfallen". Somit käme es zu keiner inflationären Ausbreitung von »Menschheitspunkten«.

Zudem müsste jede Person und Organisation sich selbst um ihre »Menschheitspunkte« bemühen und könnte diese nicht einfach ohne eigene Leistungen „erben". Die genannten Punkte würden zu einer sehr gerechten Lösung führen. Wer etwas leistet, hat etwas davon – solange er „existiert". Es gäbe einen deutlichen und positiven Unterschied zum Geld. Ein K.O.-Kriterium für eine derartige Lösung ist nicht zu erkennen.

Die beschriebene Lösung ist eine neue und relativ eigenständige Variante, mit »Menschheitspunkten« umzugehen.

Bringen wir jetzt nochmal das Geld ins Spiel.

Viele Menschen werden an historischen „Errungenschaften" festhalten wollen. Obwohl die weitere Existenz des Geldes und der bisherige Besitz nicht in Frage steht, werden viele vielleicht aus Angst oder Bequemlichkeit die Einführung von »Menschheitspunkten« zunächst ablehnen. Es gibt zwar nicht viele stichhaltige Argumente für eine Ablehnung, aber wir müssen uns damit auseinandersetzen. Also betrachten wir diese Herausforderungen einmal näher.

Eine große Schwierigkeit ergibt sich aus dem Umstand, dass viele, die Eigentum und Macht haben, nichts davon abgeben wollen. Allerdings stimmt diese Aussage nur teilweise. Wenn wir uns an die im Kapitel „Sachverhalte und Trends" beschriebenen Aspekte der Persönlichkeitsentwicklung erinnern, fehlt vielleicht nur eine Möglichkeit beziehungsweise Motivation für die persönliche Weiterentwicklung. Es gibt viele Beispiele, dass Reiche und Mächtige sich daran erinnern, dass sie Menschen in einer großen Gemeinschaft sind und sie für diese etwas tun müssen. Viele »Menschheitspunkte« zu erwerben und damit nachweislich etwas für die Gesellschaft zu tun, ist vielleicht doch interessant und auf jeden Fall eine Weiterentwicklung der Persönlichkeit.

Von noch größerem Interesse als die Reichen und Mächtigen ist jedoch die Gruppe von Personen, die „vom großen Kuchen ein paar Krümel abbekommen" haben. Sie glauben „reich" zu sein, weil sie sich ab und zu etwas leisten können. Aber spätestens beim Nachdenken über ihre tatsächliche Macht, wird dies schnell wieder relativiert. Diese große Gruppe umfasst viele Millionen Menschen. Sie sind zu ihrem Besitz meist durch Arbeit gekommen. Diese Gruppe schafft sehr viele Werte für die Gemeinschaften und hätte vermutlich die meisten Vorteile durch »Menschheit 10.0«.

Für den größten Teil der Menschen, die, die (zu) wenig haben, ergeben sich ebenfalls erhebliche Vorteile durch »Menschheit 10.0«. In dem neuen Werte-/Bewertungssystem hätten sie plötzlich eine wirklich gleichberechtigte Stellung. Keiner hätte am Anfang »Menschheitspunkte« und deren Erwerb wäre an gleiche Kriterien für alle geknüpft.

Ein Gegenwert der Gesellschaft für eine bestimmte Anzahl »Menschheitspunkte« könnte eine Art „Grundsicherung" sein. Damit könnte die große Gruppe von Menschen, die (zu) wenig haben, motiviert werden, sich stärker in der Gesellschaft zu engagieren. Sie könnten einen Sinn finden und sogar neu anfangen.

Die Gesellschaft wiederum hätte den Vorteil, diese Menschen wieder „zu erreichen".

Aber zurück zur Gegenwart und damit zur „Macht" des Geldes. Ob die Einsichten bereits da sind oder noch nicht, die Kluft zwischen Arm und Reich muss sich wieder verringern, um die gesellschaftlichen Spannungen zu beseitigen. Wenn wir beim System Geld bleiben, müsste in der Zukunft eigentlich Geld von reich nach arm transferiert werden. Ist dies ein realistisches Szenario? Was hätten die Reichen davon, den Armen im großen Maßstab ihr Geld zu geben?

»Menschheit 10.0« könnte eine Motivation sein. Wenn Reiche ihr Geld abgeben, bekommen sie »Menschheitspunkte«.

Das ist nicht gerecht, wäre ein möglicher Einwand.

Stimmt – es ist nicht so gerecht wie die vorher beschriebene Variante, bei der jeder seine »Menschheitspunkte« erst selbst verdienen muss. Aber es wäre nicht so ungerecht, wie es zunächst aussieht. Das Geld vieler Reicher ist rechtmäßig (nach aktuellen gesellschaftlichen Regeln) in ihrem Besitz.

Der Transfer des Geldes von reich nach arm wird mit einer motivierenden Gegenleistung »Menschheitspunkte« in Gang gebracht und das Geld kann sinnvoller für die Gesellschaft eingesetzt werden. Ausreichend viel Geld würde auch die Einführung von »Menschheit 10.0« erheblich beschleunigen.

Auf das Werte-/Bewertungssystem von »Menschheit 10.0« käme eine weitere Anforderung zu. Es müsste eine Art Umrechnungskurs geben, für yyy Geld würde es xxx »Menschheitspunkte« geben. Ob es für xxx »Menschheitspunkte« auch yyy Geld geben sollte, wäre gut zu überlegen. Die »Menschheitspunkte« würden dann unter Umständen zu einer Art „Zweitwährung".

Der Tausch von »Menschheitspunkten« in Geld wäre allerdings gar nicht so schlimm. Jeder, der sich für die Gemeinschaft einsetzt, bekommt »Menschheitspunkte«. Diese könnte er dann in Geld zum Beispiel für seinen Lebensunterhalt tauschen. Besser wäre jedoch, dass der Lebensunterhalt direkt durch »Menschheitspunkte« gesichert wird.

Sind die »Menschheitspunkte« mit attraktiven Vorteilen ausgestaltet, wie beispielsweise exklusive Leistungen der Gesellschaft oder wichtige Stellungen in den Organisationen, wären sie sehr anstrebenswert. Durch unterschiedliche Umrechnungskurse in die beiden Tauschrichtungen hätte man ein weiteres Steuerungsinstrument zur Verfügung.

Ein weiterer interessanter Aspekt von »Menschheit 10.0« ergibt sich aus der Einbeziehung aller Gruppen von Menschen.

Neben den Gesunden und Leistungsfähigen gibt es auch diejenigen, die wenig (keine) »Menschheitspunkte« verdienen können. Sie könnten ihre verdienten „Menschheitspunkte« noch verbrauchen, aber wären irgendwie nicht mehr Teil des Systems. Es gäbe bei »Menschheit 10.0« eine interessante Möglichkeit, diese Gruppe einzubeziehen. An einem einfachen Beispiel soll erläutert werden wie.

Ein pflegebedürftiger Mensch ist nicht in der Lage, selbst »Menschheitspunkte« zu erlangen und diese dann für die gesellschaftliche Leistung „Pflege" einzusetzen. Die Gesellschaft, die Familie oder andere werden diesen Menschen (hoffentlich) pflegen. Diejenigen, die die Leistung „Pflege" erbringen, bekommen xxx »Menschheitspunkte« dafür, weil dies im Interesse der Gemeinschaft ist.

Was wäre, wenn der Gepflegte eine gewisse Anzahl der »Menschheitspunkte« mit der für ihn erbrachten Leistung „Pflege" beeinflussen könnte?

Eine Pflegekraft bekommt zum Beispiel für jeden Patienten und Monat 100 »Menschheitspunkte«. Wenn der Gepflegte zufrieden ist, gibt es bis zu 10 »Menschheitspunkte« mehr, wenn er unzufrieden ist, gibt es bis zu 10 weniger.

Diejenigen, die also nicht direkt in der Lage sind, »Menschheitspunkte« für sich zu erarbeiten, könnten als Beeinflusser der Verteilung der »Menschheitspunkte« mitarbeiten. Ist das utopisch?

Es gibt bereits schon in dieser Weise arbeitende Mechanismen. Zum Beispiel ist es möglich Krankenhäuser oder Ärzte zu bewerten. Fallen die Bewertungen schlecht aus, kommen weniger

Patienten. Langfristig kann die Existenz gefährdet werden.
Die große Schwäche derartiger Bewertungen ist, dass sie teilweise anonym und ohne Konsequenzen für die Bewertenden sind.

Eine große Herausforderung ist aktuell und auch zukünftig, die Sicherheit der IT-Systeme zu gewährleisten. Manipulationen müssen ausgeschlossen oder extrem schwierig sein. Die Sicherheit der genutzten Mechanismen bei »Menschheit 10.0« hat höchste Priorität. Es dürfen keine »Menschheitspunkte« ohne Grund entstehen, es dürfen keine verloren gehen oder „umgebucht" werden. Dass diese technologischen Herausforderungen gelöst werden können, steht jedoch nicht in Frage.

Wer das Werte-/Bewertungssystem sehr aggressiv angreift oder manipuliert, könnte außerdem durch zeitweisen oder kompletten Ausschluss sanktioniert werden. Mit den systematischen und transparenten Regeln des Werte-/Bewertungssystems von »Menschheit 10.0« hätte man neue Mechanismen zur Verfügung. Im Übrigen können alle Personengruppen an der Ausgestaltung von »Menschheit 10.0« mitarbeiten und diese Regeln beeinflussen.

Was sind noch wichtige Zusammenhänge für die »Menschheitspunkte«?

Eine große Herausforderung wird sein, unflexible Gesellschaftssysteme, Ideologien, Religionen und alle die einzubeziehen, die ihre Systeme und ihre Denkweisen über die der Anderen stellen. Solange es Menschen gibt, wurde die allumfassende „Wahrheit" nicht gefunden und das wird sich nicht ändern. Im Gegenteil – sobald allwissende und macht ergreifende Denkweisen aufeinandertreffen, kommt es zu großen Konflikten, nicht selten zu Mord und Totschlag.

Genau aus diesem Grund ist »Menschheit 10.0« als ein flexibles neutrales System konzipiert worden. Es besteht durch eine auf Sachverhalte bezogene objektive unparteiische Bewertung die Möglichkeit, Kompromisse ohne „Gesichtsverlust" zu organisieren.

Auf der Erde haben wir eine große Zahl von alle Menschen betreffenden Herausforderungen und wir können diese nur gemeinsam global bewältigen. Mindestens dafür muss ein gemeinsames Vorgehen gefunden werden. Das heißt, vorerst würden die wichtigsten Sachverhalte weltweit der Bewertung durch das Werte-/Bewertungssystem von »Menschheit 10.0« unterzogen. Nach und nach könnten weitere Sachverhalte folgen. Wie man sieht, ist die Integration des Werte-/Bewertungssystems von »Menschheit 10.0« vielfältig denkbar.

Wer sich wie intensiv mit »Menschheit 10.0« beschäftigt, wie viele Sachverhalte zur Bewertung herangezogen werden und wie die Umsetzung erfolgt, ist noch offen. Es könnten sich unterschiedliche Ausprägungen zum Beispiel in Regionen bzw. Ländern oder für Gruppen von Organisationen entwickeln. Wenn die »Menschheitspunkte« durch ihre positiven Effekte überzeugen, werden sie sich letztlich durchsetzen.

»Menschheit 10.0« muss organisiert werden. Das Werte-/Bewertungssystem sollte sicher funktionieren und man muss Missbrauch und Zerstörung verhindern. Die Existenz von Kontrollmechanismen für »Menschheit 10.0« ist extrem wichtig, um die Wirksamkeit von »Menschheit 10.0« sicherzustellen und kontinuierliche Verbesserungen zu gewährleisten. Außerdem wird ein intelligentes Management benötigt, damit möglichst wenig Konflikte mit dem Bestehenden auftreten. Das heißt jedoch nicht, dass eine neue mächtige Organisation entstehen muss. Nach wie vor sollen notwendige Veränderungen sich durch Bewertungen der Sachverhalte ergeben und dass wir Menschen dies wollen.

Nun verlassen wir das umfangreiche Thema der Einbettung von »Menschheit 10.0« in die Gesellschaften.

Im 4. Teil „»Menschheit 10.0« einführen" kommen weitere interessante Aspekte zur Sprache.

Im nächsten Teil 3 „Wie wirkt »Menschheit 10.0«?" wenden wir uns zunächst einigen Beispielen zu, wie »Menschheit 10.0« und das Werte-/Bewertungssystem ihre Wirkungen entfalten können.

Teil 3: Wie wirkt »Menschheit 10.0«?

Anmerkung zu den nachfolgenden Beispielen

Optimale Lösungen für die Zukunft erfordern die Einbeziehung möglichst vieler Rahmenbedingungen – auch solcher, über die nicht gern gesprochen wird oder die für uns unbequem sind. Um nicht irgendwelche negativen Interpretationen aufkommen zu lassen, wird Folgendes nochmals klargestellt.
»Menschheit 10.0« ist für alle Menschen gedacht und unterstützt die Rechte der Menschen, also die Menschenrechte.
Diese Menschenrechte und vieles mehr verbinden uns Menschen. Wir sind jedoch auch individuell verschieden. Diese Varianz hat das Überleben von uns Menschen über Jahrtausende gesichert und wird bei »Menschheit 10.0« ebenfalls berücksichtigt. Aber der Schwerpunkt ist, die Menschen miteinander zu verbinden.

In den nachfolgenden Beispielen geht es darum, die Sachverhalte möglichst objektiv zu betrachten und Diskussionen über Verbesserungspotentiale anzustoßen.
Es ist nicht auszuschließen, dass Sachverhalte mit Personen und Organisationen verknüpft sind. Personen und Organisationen sollten sich jedoch durch »Menschheit 10.0« nicht angegriffen fühlen, sondern vielmehr die Chance ergreifen, sich neu zu positionieren.
Ein Hauptziel von »Menschheit 10.0« ist das Schaffen von Anreizen und die Förderung von Leistungen zum Wohle der Gemeinschaften. Zusammenarbeit soll angeregt und Kräfte gebündelt werden.

Angst ist für uns Menschen eine starke Motivation.
»Menschheit 10.0« will zwar nicht mit Angst motivieren, aber der eine oder andere objektive Sachverhalt kann aktuell schon Angst machen.

Sanktionen sind zunächst nicht vorgesehen. Die Menschen sind bisher leider nie ohne Sanktionen ausgekommen. Im Laufe der Ausgestaltung von »Menschheit 10.0« können Sanktionen somit noch eine Rolle spielen.

Gegen Angriffe müssen Verteidigungsmöglichkeiten existieren. Sanktionen und Verteidigung der Werte werden in den nachfolgenden Beispielen jedoch nicht aufgegriffen.

In den nächsten Kapiteln zeigen einige Beispiele mit unterschiedlichen Schwerpunkten die unterschiedlichen Herangehensweisen bei verschiedenen Sachverhalten auf und verdeutlichen die Denkrichtungen.

Wenn bei den nachfolgenden Beispielen Fragen offenbleiben, könnten Antworten auf der Internetseite

www.menschheit10.org

unter *„Fragen und Antworten"* zu finden sein.

Beispiel: Zeitkonstanten

Ein großes Potenzial wird bei »Menschheit 10.0« darin gesehen, nicht zueinander passende Zeitkonstanten der unterschiedlichsten Sachverhalte besser aufeinander abzustimmen. Das Potenzial ergibt sich daraus, dass es sich um objektive und logisch nachzuvollziehende Sachverhalte handelt.

Für alle, die mit Zeitkonstanten nicht sofort etwas anfangen können, eine kurze Erklärung. Wie der Name vermuten lässt, ist die Zeit eine der Betrachtungsgrößen. Die andere Größe ist die Veränderung eines Sachverhaltes. Die Zeitkonstante ist ein Maß dafür, wie schnell sich etwas ändern kann / ändert.

Ein sehr häufiges Problem ist, dass die erwartete Änderungsgeschwindigkeit des Sachverhaltes nicht zur tatsächlich möglichen Änderungsgeschwindigkeit passt. Zu beobachten ist dies überall. So passten zum Beispiel die erwarteten Baufortschritte bei großen Bauvorhaben oft nicht zu den realisierbaren.

Solange das allen bewusst ist und die Differenz zwischen der Erwartungshaltung und dem Ergebnis nicht zu groß wird, wäre ein derartiges Vorgehen zwar nicht schlüssig – aber auch nicht direkt schädlich. Leider gibt es viele Fälle mit zu großen Differenzen.

Im Teil 1 wurde schon das Beispiel „*Hochfrequenzhandel*" an den Börsen angesprochen. Dieses Beispiel ist hervorragend zur Veranschaulichung geeignet, weil die jeweiligen angesetzten Zeiten extrem weit auseinander liegen. Zur Erinnerung: Den langfristigen Entwicklungen von Firmen (Monate bis Jahre) sind kurzfristige Bewertungen an den Börsen (Millisekunden bis Stunden) zugeordnet. Kritik am Hochfrequenzhandel und Vorschläge für Veränderungen gibt es schon lange. Es ist nicht ein speziell für »Menschheit 10.0« konstruiertes Beispiel. Schauen wir uns einige Aspekte an.

Während der Corona-Pandemie spendeten Menschen Rechenleistung, um die Forschung für die Bekämpfung des Virus zu unterstützen. Unabhängig davon, ob es in dieser Situation praktisch sinnvoll war, haben die Menschen ein Zeichen gesetzt und indirekt auch eine Erwartung geäußert.

Während der Corona- Pandemie lief der Betrieb an der Börse bis auf wenige Einschränkungen einfach wie immer weiter, obwohl für viele Menschen, Firmen, Gemeinschaften nichts mehr normal war. Die Börse ebenfalls in eine Art Quarantäne zu versetzen, wäre vielleicht gar keine schlechte Idee gewesen.

Für die Zukunft wären umschaltbare Rechenleistungen zur unmittelbaren Bekämpfung von Krisen sicher eine sinnvolle Vorsorge. Dann würde man zum Beispiel die Börse abschalten und die Rechenleistung anderweitig nutzen, anstelle fröhlich weiter am Aktienmarkt zu „zocken".

Schon beim bloßen Nachdenken darüber fällt auf, wie zweifelhaft manche Prioritäten gesetzt sind. In unserem ersten Beispiel wird gezeigt, wie die Analyse und Bewertung der Sachverhalte mittels »Menschheit 10.0« ein besseres Setzen der Prioritäten ermöglicht. Das veränderte Herangehen verdeutlicht, welche Verbesserungspotentiale in besonders (angeblich) „Systemrelevantem" stecken.

Es hat keinen Zweck, langfristigen Entwicklungen ständig kurzfristige Einschätzungen und Maßnahmen zuzuordnen. Unser Beispiel verdeutlicht dieses falsche Vorgehen sehr gut, denn es ist transparent und einfach zu verstehen.

Zuerst rufen wir uns die Schritte für das Vorgehen pro Sachverhalt ins Gedächtnis zurück.

1. Nachdenken anregen, erste Einschätzungen
2. Ideen für Verbesserungen sammeln
3. Zusammenhänge berücksichtigen
4. *»Menschheit 10.0«-Schwerpunkte als Bewertungskriterien für den aktuellen Stand benutzen*
5. *Mit den Bewertungskriterien bekannte Entwicklungen sowie Ideen in ihrer Wirkung abschätzen*
6. Gemeinsam Ziele definieren und Lösungen finden
7. Idee(n) umsetzen und Fortschrittskontrolle

Zu 1.) Nachdenken anregen, erste Einschätzung

Die Fakten:

- Hochfrequenzhandel erzeugt schnelle Wertänderungen im Millisekunden-Bereich
- Gehandelt werden Bewertungen von großen Organisationen, Rohstoffen und vielem mehr
- große Organisationen, Rohstoffe und so weiter haben sehr lange Entwicklungs- / Veränderungszeiten
- die kurzen Handelszeiten passen nicht zu den langen Veränderungszeiten
- Hochfrequenzhandel benötigt eine leistungsfähige Infrastruktur, insbesondere große Rechenleistungen mit hohem Energieverbrauch
- die Notwendigkeit des Hochfrequenzhandels ist für den normalen Menschen nicht nachzuvollziehen
- die schnellen Wertänderungen gefährden das Finanzsystem sowie die bewerteten Organisationen und Entwicklungen.

Nachdenken anregen und erste Bewertung durchführen:

Am Hochfrequenzhandel ist positiv, dass

- in Technologien investiert worden ist, die in anderen Bereichen teilweise nutzbar sind
- ...

Am Hochfrequenzhandel ist negativ, dass

- die Handelsgeschwindigkeit nicht zu den realen Gegebenheiten passt
- der Betrieb der Handelsplattform Ressourcen bindet und viel Energie verbraucht
- keine echte Wertschöpfung stattfindet
- ein Nutzen für die Menschen nicht erkennbar ist

- die Rechenleistung nicht der Allgemeinheit zur Verfügung steht
- die Gefahr von Börsen-Crashs steigt, da kaum noch manuell eingegriffen werden kann
- ...

Anhand dieser ersten Einschätzung wird bereits klar, dass die negativen Punkte überwiegen und es Veränderungen geben muss.

Zu 2.) Ideen für Verbesserungen sammeln

Bei der Sammlung von Ideen sollten wir zunächst offen vorgehen. Die Ideen müssen in dieser Phase noch nicht ausgereift sein.

So könnten die Ideen bezüglich Hochfrequenzhandel sein:

a) Ihn noch schneller machen

b) Alles so beibehalten wie es ist

c) Stark besteuern, unattraktiv machen

d) Handelsfrequenz beschränken

e) Komplett abschaffen

f) Gesamtfinanzsystem verändern

g) ...

Da bei »Menschheit 10.0« jeder Ideen einbringen kann, werden auch nicht objektive oder interessengebundene Vorschläge eingebracht werden. Der Haupteffekt in dieser Phase wird sein, dass sich alle, die sich betroffen fühlen, damit auseinandersetzen müssen und Vorschläge einbringen. Engagieren sich die Betroffenen nicht, könnten sich die für sie sehr nachteiligen Ideen durchsetzen.

Zu 3.) Zusammenhänge berücksichtigen

Da die Zusammenhänge sehr vielfältig sein können, wird man sich bei vielen Bewertungen der Sachverhalte auf die wichtigsten Kriterien beschränken müssen.

Bei diesem Schritt könnten Verknüpfungen mit Personen und Organisationen eine Rolle spielen. Als Teil der Realität müssen diese berücksichtigt werden. Allerdings sollten möglichst wenig

Wertungen über die betroffenen Personen und Organisationen vorgenommen werden, denn es geht schwerpunktmäßig um die Bewertung des Sachverhaltes.

Fakten und Zusammenhänge lassen sich am besten mit offenen Fragen sammeln, zum Beispiel:

- Hochfrequenzhandel ist wie wichtig und wofür?
- Welche Wertschöpfung (nicht nur materiell) bringt Hochfrequenzhandel für die Gesellschaften?
- Was würde passieren, wenn es keinen Hochfrequenzhandel mehr geben würde?

Die unter 1. „Nachdenken anregen, erste Einschätzungen" getroffenen ersten Bewertungen können nochmal hinterfragt werden.
Auch Zusammenhänge zu den, im 2. Punkt „Ideen für Verbesserungen sammeln" gesammelten Ideen können eine Rolle spielen.

Zu 4.) Einschätzung aktueller Stand

Die Schwerpunkte von »Menschheit 10.0« werden als Bewertungskriterien für den aktuellen Stand benutzt.

*Abschätzung für den Schwerpunkt „**Gesamte Menschheit**"*

Positiv

- ...

Negativ

- nur ein kleiner Teil der Menschheit nutzt den Hochfrequenzhandel
- keine Wertschöpfung, kein Nutzen erkennbar
- Bestandteil eines nicht mehr transparenten Finanzsystems
- das Finanzsystem könnte destabilisiert werden
- Handelsfrequenz zu hoch im Vergleich zu realen Entwicklungen

- ...

Der Hochfrequenzhandel ist für die „Gesamte Menschheit" ohne große Bedeutung und teilweise kontraproduktiv.

*Abschätzung für den Schwerpunkt „**Gemeinschaft**"*

Positiv
- *eine kleine Gruppe profitiert vom Hochfrequenzhandel*
- *...*

Negativ
- *Gruppen von Anlegern werden benachteiligt*
- *gesunde Firmen/Organisationen können Schaden erleiden*
- *der Ruf der Finanzwirtschaft wird geschädigt*
- *...*

Der Hochfrequenzhandel bringt einem kleinen Teil der „Gemeinschaft" Vorteile. Viele Gemeinschaften können Nachteile erleiden.

*Abschätzung für den Schwerpunkt „**Mensch**"*

Positiv
- *Jede Person könnte von erzielten Gewinnen profitieren*
- *...*

Negativ
- *Entfremdung des Systems vom menschlichen Handeln*
- *Der normale Mensch kann wenig davon profitieren*
- *...*

Obwohl alle Menschen daran teilnehmen könnten, ist der Hochfrequenzhandel für den einzelnen „Menschen" wenig interessant.

*Abschätzung für den Schwerpunkt „**Nahes Umfeld**"*

Positiv
- *Ausbau moderner Infrastruktur wird finanziert und vorangetrieben*
- *...*

Negativ
- *Belastung der Energie- und Daten-Infrastrukturen*
- *...*

Die Bedeutung des Hochfrequenzhandels ist für das „Nahe Umfeld" nur dann gegeben, wenn sich die notwendige Infrastruktur in der Nähe befindet.

*Abschätzung für den Schwerpunkt „**Gesamte Umwelt**"*

Positiv

- ...

Negativ

- Rechenkapazitäten müssen geschaffen werden

- großer Energieverbrauch durch hohe Rechenleistung

- ...

Der Hochfrequenzhandel ist für die „Gesamte Umwelt" schädlich durch Ressourcen- und Energieverbrauch.

Eine 3-stufige „quantitative Bewertung" ergibt folgendes Bild.

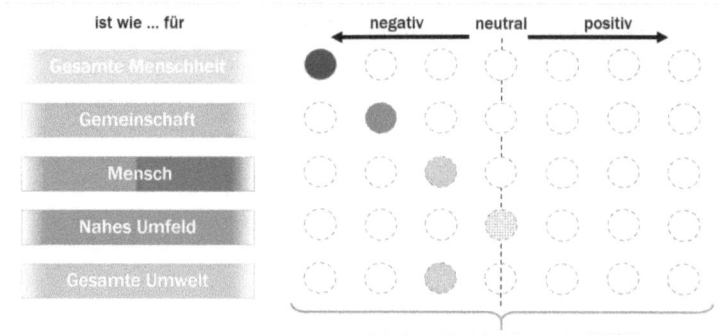

Abbildung 7: Hochfrequenzhandel Bewertung aktueller Stand

Zu 5.) Entwicklungen und Ideen abschätzen

Der Hochfrequenzhandel steht schon lange in der Kritik. Es gibt immer wieder zaghafte Versuche, Verbesserungen der aktuellen Situation zu erzielen. Diese scheitern regelmäßig, da das Thema nicht im öffentlichen Fokus ist. Positive Entwicklungen sind nicht in Sicht. Somit existiert de facto kein Trend für Veränderungen. In solchen Fällen bietet es sich an, im 2. Schritt gefundene Ideen zu bewerten. Entsprechend wollen wir hier vorgehen.

Es wird die Idee „Komplett abschaffen" etwas modifiziert. Dies ist notwendig, weil zu extreme Änderungen selten sinnvoll sind. So wird die Idee in eine stufenweise Abschaffung verändert. Damit kann nach ersten Entwicklungen die Idee nochmals bewertet und gegebenenfalls verändert werden.

Da die Vorgehensweise bei den Trends ähnlich der für die Einschätzung des aktuellen Standes ist, das heißt dass die Bewertungen für die Schwerpunkte, „Gesamte Menschheit", „Gemeinschaft", „Mensch", „Nahes Umfeld", „Gesamte Umwelt" erfolgen, wird dies hier nicht nochmals näher beschrieben.

Die nachfolgend zusammenfassende Bewertung ergibt sich aus der Abschätzung der mittelfristigen und der langfristigen Entwicklungen der Idee.

Abschätzung für die Idee „Stufenweise Abschaffung des Hochfrequenzhandels"

Positiv
- *Alle negativen Aspekte verschwinden komplett*
- *Rechenleistung anderweitig nutzbar*
- *Ressourcen können für Nutzbringenderes eingesetzt werden*
- *Bessere Chancengleichheit für die Anleger*
- *Finanzsystem mit weniger negativem Image*
- *...*

Negativ
- *Aufwendungen für Umgestaltungen im Finanzsystem*
- *...*

Die Idee, den Hochfrequenzhandel schrittweise abzuschaffen, hat viele Vorteile bei überschaubaren Nachteilen.
Im nachfolgenden Bild ist die Bewertung der Idee dargestellt.

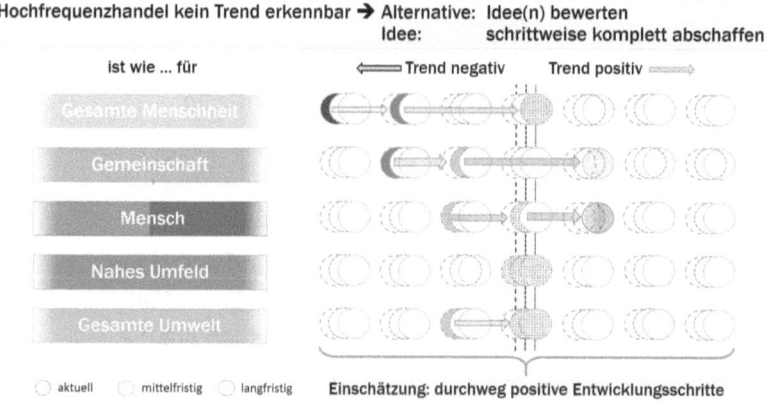

Abbildung 8: Bewertung Idee für Hochfrequenzhandel

Aufgrund der eindeutigen Bewertungen des Hochfrequenzhandels hinsichtlich des aktuellen Standes bekannter Trends sowie einer potenziellen Idee ergibt sich keine Notwendigkeit, noch eine detaillierte quantitative Bewertung durchzuführen.

Der Hochfrequenzhandel wird keine »Menschheitspunkte« bekommen können, eventuell aber dessen Abschaffung.

Zu 6.) Gemeinsam Ziele definieren und Lösungen finden

Wie würde eine Lösungsfindung ohne »Menschheit 10.0« aussehen?

Die Interessensgruppen haben vermutlich bereits in der Ideenphase nicht zielführende Vorschläge eingebracht, um ihre Verhandlungsposition zu verbessern. In der Phase der Lösungsfindung wird jede Interessensgruppe wieder auf ihre Vorschläge hinarbeiten.

Es muss in diesem Schritt der Lösungsfindung darauf geachtet werden, dass die Bewertungen durch »Menschheit 10.0« nicht wieder in Frage gestellt werden.

Mit der Zustimmung zu einer Idee ist das Ziel klar und es können alle Beteiligten gemeinsam nach Lösungen für die Umsetzung suchen. Obwohl es bei »Menschheit 10.0« nicht um kurzfristige

Erfolge geht, sollten die Ziele in überschaubaren Zeiträumen erreichbar sein.

Zu 7.) Idee(n) umsetzen und Fortschrittskontrolle

Ideen umzusetzen und den Fortschritt der Umsetzung zu kontrollieren, sind mehr oder weniger Standard ohne Besonderheiten im Zusammenhang mit »Menschheit 10.0«.

Neben der Umsetzung selbst ist wichtig, wie und durch wen diese Umsetzung überwacht wird. Im Fall der Abschaffung des Hochfrequenzhandels ist es relativ einfach, da nur die „nicht-mehr-Nutzung" überwacht werden muss.

Im Teil 4 „»Menschheit 10.0« einführen" werden mögliche Rollen und Verantwortlichkeiten für die Umsetzung von »Menschheit 10.0« beschrieben.

Will man Vorteile nutzen, zum Beispiel die Rechenleistungen umschalten, ist dies ein eigener Prozess mit zusätzlichen Planungen und Aktionen.

Abschließende Gedanken zum Beispiel „Zeitkonstanten"

Am Beispiel des Hochfrequenzhandels ist sehr gut zu sehen, welche Auswirkungen es hat, wenn die Zeitkonstanten von Sachverhalten nicht zur Realität passen. Es ist erstaunlich, wie gut und wie lange man derartig klare Sachverhalte verschleiern kann. Vielleicht hat es im Falle des Hochfrequenzhandels etwas mit der Lobbyarbeit für das Finanzsystem zu tun und dass uns Menschen irgendwelche Notwendigkeiten eingeredet werden. Das Thema „Hochfrequenzhandel" scheint auf den ersten Blick global und schon wird es in die Ecke „national unlösbarer Sachverhalt" geschoben. In vielen Fällen geht es jedoch nicht um global oder national. Es fehlt einfach der Wille zur Änderung. Somit sind neue Ideen gefragt.

Schauen wir mal, welche Lösungen es in der Natur gibt.

Wenn ein Fluss verstopft ist
   (= Lösung blockiert),
   kann
die Verstopfung beseitigt werden
   (= Lösung durchsetzen)
   oder
das Wasser sucht sich einen neuen Weg
   (= Umgehungslösung, „Bypass")
   und so
wird die Funktion wieder hergestellt
   (= System erfüllt wieder den Zweck).

Vielleicht denken wir zu wenig in „Bypässen".

Warum wird, wenn es nachweislich sinnvoller ist, nicht ein Mechanismus installiert, der Aktien nur einmal pro Tag oder Woche handelt? Alle Informationen zu den gehandelten Aktien sind allen frei zugänglich und alle Regeln transparent und verständlich. Leerverkäufe und andere Spekulationen sind nicht oder nur in begrenzten Umfang zulässig.

Es könnte zwei Arten von Aktien geben.

In einem neuen transparenten Handelssystem werden vor Spekulationen und unnötigen Kursschwankungen geschützte Aktien gehandelt. In einem anderen Handelssystem kann wie bisher weiter spekuliert werden.

Wären die an der Börse gelisteten, Aktien ausgebenden Firmen nicht vielleicht sogar an so einem neuen Mechanismus interessiert? Es gibt genug Beispiele, dass Firmen die Börse wieder verlassen haben. Für normale Anleger, die Menschen, würde es auf jeden Fall Vorteile bringen.

Nicht passende Zeitkonstanten sind häufig vorkommende Fälle. Hier könnten wir schnell sehr positive Veränderungen einleiten.

Beispiel: Wir Menschen

Mit dem „Hochfrequenzhandel" haben wir einen globalen Sachverhalt mit großer Bedeutung betrachtet, der nicht direkt mit Personen oder Organisationen verbunden wurde.

Im nachfolgenden Beispiel geht es um einen Sachverhalt, der einzeln betrachtet keine große Bedeutung hat, bei dem aber eine direkte Verbindung zu Personen vorhanden ist. Wenn einzelne Vorgänge mit geringer Bedeutung häufig vorkommen, nimmt die Bedeutung für die Menschheit allerdings wieder zu. Im nachfolgenden Beispiel geht es um uns Menschen und unsere Handlungen.

Einfache Anpassungen in unserem Umfeld, bei Organisationen und Gemeinschaften werden nicht ausreichen, die anstehenden Herausforderungen zu bewältigen. Wir müssen unser Denken und Handeln ändern. Wie an anderen Stellen im Buch angedeutet, sind wir nicht ohne gute Gründe dazu bereit.

Wissen ist in vielen Fällen hilfreich.

In der Schule haben wir im Physikunterricht viel über Energie und Leistung gehört. Im Prinzip können wir ausrechnen, wie viel Energie wofür benötigt wird. Wir könnten Energieverbräuche sogar miteinander in Relation setzen.

Warum wenden wir dieses Wissen zu selten an?

Wir betrachten dieses theoretische, auswendig gelernte Wissen oft als pure Informationen. Die Kenntnis wurde belohnt. Das Wissen in unser tägliches Leben einzubauen, war kein Schwerpunkt. Da scheint es Verbesserungspotential zu geben.

Sich Zusammenhänge und Konsequenzen vor Augen zu führen, war und ist nicht beliebt. Wie in den Beispielen zur aktuellen Situation beschrieben wurde, hat sich dieser Umstand in den letzten Jahren nicht verbessert. Wir verbrauchen beispielsweise zu viele Ressourcen und denken nicht darüber nach, wo diese herkommen. Das werden wir irgendwann bereuen.

Wenden wir uns nun dem Beispiel *„Fitnessstudio"* zu.
Da wären zunächst die Fakten.

Wir wollen fit bleiben und besuchen zu diesem Zweck ein Fitness-studio. Es gibt im Umkreis von 20 km mehrere zur Auswahl, das nächste ist 3 km entfernt, es gibt weitere in 5 km, 10 km, 15 km und 20 km Entfernung.

Bei unserer Wahl spielen mehrere individuelle Bevorzugungen eine Rolle. Wir haben uns letztlich für ein 10 km entferntes Fitness-studio entschieden. Wir fahren die Strecke zum Fitnessstudio mit dem Auto, da wir uns ja im Fitnessstudio schon genug auspowern. Weiter entfernte Fitnessstudios haben keine Rolle gespielt, denn das 10 km entfernte erfüllt unsere Erwartungen und die Wegezeit würde sonst unverhältnismäßig lang.

Dieses Beispiel sollte ganz gut das aktuelle Denken und Handeln der „breiten Masse" der Menschen widerspiegeln. Das Fitnessstudio könnte auch eine Bäckerei, ein Supermarkt oder Ähnliches sein.

Bei der Betrachtung dieses einfachen Falles ergeben sich folgende interessante Punkte.

Das Wissen, dass wir unseren Körper mit einem ca. 10-mal so schweren Auto bewegen, ist nicht präsent oder nützt nichts. Die meiste Energie fließt nicht in unsere Bewegung, sondern in die des Autos.

Individuelle Bevorzugungen werden wir nicht hinterfragen, da sie als Teil unserer Befriedigung wichtig für uns sind. Die Varianz bei individuellen Sichten ist sehr groß und für den betrachteten Fall nicht von großer Bedeutung.

Jegliche Einmischung von außen lehnen wir instinktiv als Eingriff in unsere Freiheit zunächst ab.

Das Kriterium Umweltschutz hat sich über die zu lange Wegezeit zwar eingeschlichen, spielt aber sonst keine entscheidende Rolle. Wenn uns ein auf Umweltschutz Bedachter anspricht, warum wir nicht in das 3 km entfernte Fitnessstudio laufen, begründen wir lang und breit, warum wir das nicht machen (können).

Sorry an dieser Stelle an alle diejenigen, die Umweltschutz schon zu ihrem Lebensprinzip erklärt haben.

Das ist die richtige Einstellung!

Aber insgesamt über den Durchschnitt der Menschen sind wir weit weg von ausreichendem Umweltschutz. Die aktuelle Situation ist ernüchternd, aber das hatten wir ja schon am Anfang des Buches festgestellt.

Unsere Gene zu manipulieren, uns per Chip im Körper steuern zu lassen oder jeden einer Gehirnwäsche zu unterziehen, damit wir vernünftig handeln, schließen wir als Lösung (hoffentlich) aus. Also, was nun?

Was könnte »Menschheit 10.0« beitragen?

Für diese Betrachtung nutzen wir wieder unsere Schritte:

1. Nachdenken anregen, erste Einschätzungen
2. Ideen für Verbesserungen sammeln
3. Zusammenhänge berücksichtigen
4. *»Menschheit 10.0«-Schwerpunkte als Bewertungskriterien für den aktuellen Stand benutzen*
5. *Mit den Bewertungskriterien bekannte Entwicklungen sowie Ideen in ihrer Wirkung abschätzen*
6. Gemeinsam Ziele definieren und Lösungen finden
7. Idee(n) umsetzen und Fortschrittskontrolle

Zu 1.) Nachdenken anregen, erste Einschätzungen

Freiwillig werden wir nicht oft über Veränderungen nachdenken, zu sehr stecken wir im Alltagstrott fest oder haben keine Zeit – also ist ein Impuls notwendig. Dieser Impuls kann von einzelnen Personen und von Gemeinschaften ausgelöst werden. In der Familie, dem Freundeskreis oder sonst wo muss es einen „Influencer" geben. „Umwelt-Influencer" gibt es leider zu wenige. Diese haben im aktuellen konsumorientierten gesellschaftlichen Umfeld viele Herausforderungen.

Der Wille von Organisationen könnte zum Impuls werden. Interessant wäre zu sehen, was passiert, wenn das Fitnessstudio nur noch zu Fuß oder mit dem Fahrrad kommende Leute aus 10 km Entfernung einlassen würde. Das Fitnessstudio würde vermutlich Kunden verlieren. Andere Kunden würden ihr Auto weiter entfernt abstellen und die letzten Schritte zu Fuß gehen.

Staatliche Vorschriften können als Impuls dienen.

Diese sind jedoch oft schwer umzusetzen. Die notwendigen Kontrollen können sich als aufwendig erweisen. Die Leute suchen außerdem ständig Schlupflöcher, die dann wieder geschlossen werden müssen.

Das Auffrischen unseres Wissens über physikalische Zusammenhänge wäre ein Impuls, nur kann er stark genug sein?

Die Zusammenhänge sind eigentlich klar.

„Der Geist ist willig, aber der Körper ist schwach!"?

Der stärkste Impuls wäre vermutlich, wenn die Mehrheit es anders macht und beispielsweise mit dem Fahrrad fährt. Dazu müsste jedoch Fahrradfahren und Umweltschutz „trendy" oder als gesellschaftlicher Standard für jeden anstrebenswert sein.

Wir haben nun also über den Fall nachgedacht.

Das Wissen wurde aufgefrischt und uns ist klar, was sinnvoll wäre. Nur reicht das schon oder brauchen wir noch weitere Impulse?

Diese könnten zum Beispiel beim Betrachten weiterer Zusammenhänge entstehen.

Die bisherigen Feststellungen sind auch für den Teil 4.) „»Menschheit 10.0« einführen" interessant.

Zu 2.) Ideen für Verbesserungen sammeln

Ideen und Vorschläge können hilfreich sein, um zu zeigen, dass Veränderungen nicht „schlimm" sein müssen.

Für unser Beispiel sind viele Varianten denkbar:

- in das 3 km entfernte Fitnessstudio zu Fuß gehen oder mit dem Fahrrad fahren
- in das Fitnessstudio immer mit dem Fahrrad fahren
- wenigstens gelegentlich das Auto nicht benutzen.

Radikale Änderungen unseres Verhaltens bekommen wir nicht immer hin. Änderungen „scheibchenweise" vorzunehmen ist deshalb hilfreich und dafür gibt es immer Möglichkeiten.

Zu 3.) Zusammenhänge berücksichtigen

Es müssen nicht immer die großen Zusammenhänge sein. Eine Summe von Kleinigkeiten kann ebenfalls überzeugen.

Wer sich für Autos interessiert oder einfach nur für Zusammenhänge aufnahmefähig ist, stellt zusätzliche Verbindungen her. Autos verbrauchen während der ersten Fahrkilometer überproportional viel Treibstoff.

Eine einfache Rechnung führt zu weiteren Erkenntnissen.

Ein sparsames Auto verbraucht durchschnittlich 5 Liter/100 km, anfangs verbraucht es ungefähr doppelt so viel Treibstoff also um die 10 Liter/100 km. Für das 10 km entfernte Fitnessstudio beträgt der Hin- und Rückweg insgesamt 20 km. Damit verbrauchen wir für die Fahrt zum Fitnessstudio 2 Liter Treibstoff. Der Liter Treibstoff kostet aktuell ca. 1,50 €.

Der Vorteil an diesem Zusammenhang ist, dass wir Menschen die Auswirkung „(be)greifen" können und wir würden eine Belohnung bekommen, eine Einsparung von 3 € pro Fitnessstudiobesuch. Ob dies aber als Impuls ausreicht?

Andere Zusammenhänge sind für uns Menschen schwieriger zu erfassen. Rechnen wir den Fitnessstudiobesuch in eine Menge an CO_2 um, werden viele Menschen es zwar zur Kenntnis nehmen, aber CO_2 sehen die Menschen nicht und sie sind von den nahenden Konsequenzen (noch) nicht unmittelbar betroffen.

Wie schwer es ist, wissenschaftliche Erkenntnisse und Zusammenhänge über längere Zeit den Menschen nahezubringen, haben wir in der Corona-Pandemie gesehen.

Aber wir haben auch gesehen, dass die Menschen basierend auf ihrer „Schwarmintelligenz" oder in Ermangelung eigener Erkenntnisse, wissenschaftlichen Erkenntnissen folgen.

Die Erkenntnisse wurden während der Corona-Pandemie allerdings geschickt von einer zielorientierten Kommunikation vermittelt.

Zusammenhänge berücksichtigen ist essenziell und kann zusätzliche Einsichten erzeugen. Es ist jedoch erforderlich, die sich daraus ergebenden richtigen Schlussfolgerungen, in einfache verständliche Botschaften zu verpacken und für einen breiten Konsens zu sorgen.

Zu 4.) Einschätzung aktueller Stand

Die bisherigen Gedankengänge waren schwerpunktmäßig auf uns Menschen bezogen. Einzelne Verbindungen zur „Umwelt (CO_2)" beziehungsweise dem „Nahen Umfeld" wurden hergestellt.

Nun bewerten wir die Fahrt mit dem Auto zum Fitnessstudio entsprechend dem Konzept von »Menschheit 10.0«.

Abschätzung für den Schwerpunkt **„Gesamte Menschheit"**

Positiv

- ...

Negativ

- ...

Der Besuch des Fitnessstudios ist für die „Gesamte Menschheit" ohne (wirkliche) Bedeutung.

Abschätzung für den Schwerpunkt **„Gemeinschaft"**

Positiv

- durch das gemeinsame Training wird das Gemeinschaftsgefühl gestärkt
- individuelle Fitness stellt auch einen Wert für die Gesellschaft dar
- ...

Negativ

- durch die Abgase des Autos werden andere belästigt
- Autoparkplätze könnten sinnvoller genutzt werden
- ...

Der Besuch des Fitnessstudios hat für die „Gemeinschaft" Vor- und Nachteile, wobei die Nachteile der Autofahrt zuzuordnen sind. Das Argument, die Autoindustrie zu unterstützen, zählt nicht, da sich im Gegenzug Alternativen nicht entwickeln können.

Abschätzung für den Schwerpunkt „**Mensch**"

Positiv
- bei schlechtem Wetter bleibt man mit dem Auto trocken
- Wegezeit ist mit dem Auto geringer
- Autofahren ist bequem
- ...

Negativ
- jede Autofahrt kostet Geld
- durch die Abgase des Autos leidet die eigene Gesundheit
- weniger Bewegung
- ...

Der Besuch des Fitnessstudios mit dem Auto hat für den Mensch erlebbare Vorteile, die Nachteile sind erst auf den zweiten Blick zu sehen. Kompromisse, beispielsweise nur bei schlechtem Wetter mit dem Auto zu fahren, könnten sich abzeichnen.

Abschätzung für den Schwerpunkt „**Nahes Umfeld**"

Positiv
- Straßen werden auch von Fahrradfahrern genutzt
- weniger Abgase und Lärm
- ...

Negativ
- aufwendige Infrastruktur ist für das Auto erforderlich
- direkte Schädigungen der Natur durch die Emissionen
- ...

Der Besuch des Fitnessstudios ist stark mit dem „Nahen Umfeld" verbunden. Entsprechend stark wird diese Bewertung einfließen.

Abschätzung für den Schwerpunkt „**Gesamte Umwelt**"

Positiv
- ...

Negativ
- jede Umweltverschmutzung schädigt unsere Umwelt
- ...

Der Besuch des Fitnessstudios mit dem Auto ist für die „Gesamte Umwelt" schädlich. Allerdings hat das Einzelereignis nicht die große Bedeutung, die Summe der Fahrten aller Menschen aber schon. Die Fahrt mit dem Auto dominiert den Sachverhalt, das Fitness-studio hat untergeordnete Bedeutung. Irgendwie passt die Bequem-lichkeit des Autofahrens jedoch nicht mit den Fitnessbestrebungen zusammen.

Zu 5.) Entwicklungen und Ideen abschätzen

Beim Besuch des Fitnessstudios mit dem Auto können kleinere Trends ausgemacht werden. Der Energieverbrauch des Autos wird sich verringern. Elektroautos selbst haben im nahen Umfeld keine Emissionen mehr. Wenn die Elektroenergie CO_2-neutral erzeugt wird, verbessert sich die Umweltbilanz.

Im Fitnessbereich könnte sich ein Trend zur „Zuhause-Fitness" ergeben, dann wäre der Sachverhalt ein anderer.

Trends im persönlichen Verhalten lassen sich schwer abschätzen. Eine hilfreiche Idee wäre, an dieser Stelle ein paar Varianten für Veränderungen zu durchdenken.

Diese könnten zum Beispiel sein:
- bei schönem Wetter laufen oder Fahrrad fahren, bei schlechtem Wetter das Auto nehmen
- die Anreise mit Fahrrad als „Warm-up" und die Abreise als „Cool-down" in den Trainingsplan einbauen
- die Autofahrt ins Fitnessstudio mit auf der Strecke liegenden Erledigungen zu verbinden.

Wenn die Bedeutung des Sachverhaltes nicht sehr hoch ist, müssen nicht zwanghaft alle Details beziehungsweise Trends analysiert werden. Welche Vorteile sich bei welcher Idee ergeben, liegt oft auch auf der Hand.

Zu 6.) Gemeinsam Ziele definieren und Lösungen finden

Für Sachverhalte im persönlichen Bereich ist hauptsächlich das Verhalten des Einzelnen entscheidend.

Für gemeinsame Lösungen ist es erforderlich, dass sich Interes-

sensgemeinschaften bilden. In unserem Fall wären Fahrgemein-
schaften zum Fitnessstudio eine solche gemeinsame Lösung.
Menschen, die sich mit der Optimierung ihres ganz persönlichen
ökologischen Fußabdrucks beschäftigt haben, mussten feststellen, dass der direkte Einfluss des Einzelnen seine Grenzen hat.
In diesen Fällen können und sollten wir Menschen die notwendigen Veränderungen einfordern. Bei unserem Beispiel könnten
Veränderungen beim Nahverkehr eine gesellschaftlich zu organi-
sierende Lösung sein, die von den Betroffenen angeregt wird.

Zu 7.) Idee(n) umsetzen und Fortschrittskontrolle

Im persönlichen Bereich sind die Ideen fast immer durch die Personen selbst umzusetzen. Bei der Kontrolle potenzieller Fortschritte wird es auf die Selbstdisziplin des Einzelnen hinauslaufen.

Abschließende Gedanken zum Beispiel „Fitnessstudio"

Unser Leben ist (zu?) vielfältig. Die meisten Entscheidungen im
persönlichen Bereich werden wir mit dem „schnellen Denken"
treffen (müssen), um sie bewältigen zu können.
Deshalb brauchen wir Menschen für unser Denken und Handeln
im persönlichen Bereich, insbesondere wenn Veränderungen angestoßen werden sollen, hauptsächlich (einfache) Impulse. Diese
Impulse gibt es in unterschiedlichen Ausprägungen, aber es gibt
nicht den einen, verallgemeinerbaren Anstoß für alle Menschen.
Da die generellen Lebenssituationen jedes Einzelnen unterschiedlich sind und wir noch dazu situationsabhängig reagieren, reichen
einzelne Impulse oft nicht aus.
Unsere Verhaltensweisen immer wieder anzupassen, ist für uns
selbst wichtig. Die meisten Menschen als soziale Wesen werden
sich auch für die Gemeinschaft ändern.
Änderungsprozesse im persönlichen Bereich folgen anderen
Regeln als die bei Organisationen, selbst wenn der Sachverhalt
und die Ziele gleich sind.

Beispiel: Gesellschaftliche Engpässe schließen

Es kommt in den Gesellschaften immer wieder zu Engpässen in bestimmten Berufen sowie bei bestimmten Leistungen. Das kann durch Ereignisse ausgelöst sein. Allerdings gibt es auch permanente Engpässe. Bei näherer Betrachtung lässt sich feststellen, dass die Probleme selten plötzlich auftreten.

Es ist klar, wer welche Wertschöpfung in einer Gesellschaft erbringt. So hat zum Beispiel die Denkfabrik „nef (new economics foundation)" im Jahr 2009 ein Paper „A Bit Rich: Calculating the real value to society of different professions" dazu veröffentlicht. Die Feststellungen, dass die Bezahlung in vielen Berufen nicht zum Anteil an der gesellschaftlichen Wertschöpfung passt, hat bisher wenig verändert. Dieses Missverhältnis ist in Verbindung mit der Macht des Geldes für die Gesellschaften ein großes Problem. Warum?

Viele Leistungsträger in den Gesellschaften optimieren ihr Leben, was durchaus verständlich ist. So ergreifen sie beispielsweise Berufe mit einer guten Bezahlung. Werden Berufe ohne entsprechende Wertschöpfung gut bezahlt, wandern Leistungsträger in diese Berufe ab. In anderen für die Gesellschaft wichtigen Berufen fehlen sie dann. Wir haben also viele Leistungsträger eigentlich an den falschen Stellen.

Andere wollen zu diesen finanziell lukrativen Stellen „aufsteigen". Marktwirtschaftlich gesehen gibt es also ein großes Angebot an Bewerbern, trotzdem gehen die Bezahlungen nicht zurück. Der Regulierungsmechanismus aus Angebot und Nachfrage funktioniert nicht wie zu vermuten. Es könnte daran liegen, dass die Leistungsträger sehr fähig sind und erfolgreich ihre gehobene Stellung verteidigen und sich somit nichts an der Lage nicht ändert.

Unser nächster Sachverhalt ist das Fehlen von Pflegekräften in vielen Ländern. Also wenden wir uns diesem praktischen Beispiel *„Pflege"* zu.

Das gemeinschaftliche Solidarprinzip transparent und „knallhart"
umzusetzen, würde bedeuten: „Wer gepflegt hat, hat ein Anrecht
gepflegt zu werden." Nur ist nicht jeder in der Lage oder geeignet,
im Pflegebereich zu arbeiten. Sehr wohl kann aber fast jeder
einen anderen sinnvollen Beitrag für die Gesellschaft leisten.

Den Pflegekräftemangel durch eine höhere Bezahlung zu verringern, scheint zunächst naheliegend. Unklar ist jedoch, woher das
Geld kommen soll und ob sich mit mehr Geld die gebührende
Wertschätzung erreichen lässt. Es gibt sehr viele Menschen, die
mehr Geld haben oder täglich verdienen, teilweise ohne entsprechende Leistungen für die Gesellschaft zu erbringen.

Mit dem Beispiel „Pflege" wollen wir zeigen, dass insbesondere
das Werte-/Bewertungssystem von »Menschheit 10.0« Lösungs-
ansätze bieten kann.

Wie in den vorherigen Beispielen konzentrieren wir uns auf die
Herangehensweise und die Durchführung der Bewertungen
unter Nutzung unserer Schritte:

1. Nachdenken anregen, erste Einschätzungen
2. Ideen für Verbesserungen sammeln
3. Zusammenhänge berücksichtigen
4. *»Menschheit 10.0«-Schwerpunkte als Bewertungs-*
   kriterien für den aktuellen Stand benutzen
5. *Mit den Bewertungskriterien bekannte Entwicklungen*
   sowie Ideen in ihrer Wirkung abschätzen
6. Gemeinsam Ziele definieren und Lösungen finden
7. Idee(n) umsetzen und Fortschrittskontrolle

Da der Sachverhalt „Pflege" relativ klar ist, folgt nur eine
Zusammenfassung der Bewertungen zu unseren
»Menschheit 10.0«-Schwerpunkten:

- Gesamte Menschheit
- Gemeinschaft
- Menschen

- Nahes Umfeld
- Gesamte Umwelt.

Zu „Gesamte Menschheit"

Tätigkeiten mit Wert für die Gesellschaft nicht ausreichend zu würdigen, ist für die gesamte Menschheit schlecht. Die Wanderungen von Pflegekräften von einem Land in ein anderes (zum Beispiel wegen besserer Bezahlung) führt zu Problemen zwischen den Ländern.

Zu „Gemeinschaft"

Wenn eine Gemeinschaft genug Pflegekräfte einstellen konnte, besteht zunächst keine Lücke und damit besteht für diese Gemeinschaft kein Änderungsbedarf.
Andere Gemeinschaften haben jedoch nicht genug Pflegekräfte. Für »Menschheit 10.0« ist der Durchschnitt des Bedarfs aller Gemeinschaften entscheidend. Es ergibt sich ein, vermutlich durch Unterbezahlung ausgelöster nicht gedeckter Bedarf.

Zu „Menschen"

Beim Schwerpunkt „Mensch" sind die Verhältnisse nicht anders als bei der „Gemeinschaft". Es wird Menschen geben die nicht betroffen sind, viele sind versorgt, andere nicht.
Durchschnittlich gibt es zu wenig Pflegekräfte und dies kann für jeden Einzelnen zum Problem werden.

Zu „Nahes Umfeld"

Pflege hat keinen direkten Umweltbezug. Aber durch die Wanderbewegungen der Pflegekräfte kann es zu Umweltbelastungen kommen, zum Beispiel durch Autoverkehr.

Zu „Gesamte Umwelt"

Der Mangel an Pflegekräften ist kein Umwelt-Problem.
Gibt es keine anderen Erkenntnisse, würde dieser Schwerpunkt auf „neutral = nicht zu bewerten" gesetzt werden.

Wie man sehen kann, ergibt sich bei der Bewertung durch »Menschheit 10.0«, was im Prinzip schon zu vermuten war. Es gibt zu wenig Pflegekräfte, vermutlich weil die Tätigkeit nicht genug gewürdigt wird. Dies muss geändert werden.

Als Lösungsideen kommen zum Beispiel in Frage:

- mehr Werbung für den Beruf
- öffentliches Interesse wecken
- bessere Bezahlung
- höhere gesellschaftliche Wertschätzung.

Wichtig ist für uns zu klären, welchen Beitrag »Menschheit 10.0« leisten kann.

Erinnern wir uns an ein Prinzip von »Menschheit 10.0«, „Nachdenken im Urzustand – jedem kann alles passieren". Der Sachverhalt „Pflege" würde bei »Menschheit 10.0« stärker gewürdigt, da jeder davon betroffen sein kann. Dies ist im Prinzip klar, wird aber oft vergessen.

»Menschheit 10.0« bringt somit die „Pflege" durch die Diskussion des Sachverhaltes mehr in die Öffentlichkeit und würdigt sie als wichtig. Es kann sein, dass sich daraus eine bessere Bezahlung ergibt. »Menschheit 10.0« ist grundsätzlich jedoch nicht in der Lage, Geld in den Verkehr zu bringen oder umzuverteilen.

Bringen wir die »Menschheitspunkte« ins Spiel, so gibt es durchaus die Möglichkeit, die Pflegekräfte stärker zu wertschätzen. Alle für die Gesellschaft wichtigen Leistungen würden ja mit »Menschheitspunkten« honoriert. In einem vollständig installierten »Menschheit 10.0«-Werte-/Bewertungssystem hätten diese »Menschheitspunkte« nicht nur anerkennenden Wert. Die »Menschheitspunkte« könnte jeder für von der Gesellschaft zur Verfügung gestellte Leistungen einsetzen.

Diese einfache und schlüssige Lösung würde Menschen motivieren, sich stärker für Pflegeberufe zu interessieren und für das Gemeinwohl einzusetzen.

Der dargestellte Sachverhalt „Pflege" ist ein Musterbeispiel für viele andere Berufe und Leistungen, die Menschen für die Gesellschaft erbringen.

Die Corona-Pandemie rückte tatsächlich wichtige Leistungen mehr in den Fokus von uns Menschen. Applaus als Dankbarkeit ist für den Augenblick wichtig. Aber noch wichtiger ist ein zukunftsorientiertes Nachdenken über eine angemessene Wertschätzung sowie ein Hinterfragen unserer gesellschaftlichen Prioritäten.

Entsprechend den aktuellen Mechanismen könnten (tun es auch) alle Benachteiligten (oder die, die sich benachteiligt fühlen) streiken. Solch eine Möglichkeit der Willensäußerung ist als Teil einer Demokratie wichtig. Jeder Streik entzieht der Gesellschaft jedoch Energie. Deshalb sollten alle Möglichkeiten ausgeschöpft werden, gesellschaftliche Diskrepanzen bereits im Vorfeld zu beseitigen.

»Menschheit 10.0« bietet mit dem Werte-/Bewertungssystem einen zukunftsorientierten Ansatz für gerechtere Wertschätzung und Honorierung erbrachter Leistungen.

Da wir Menschen selbst festlegen können, was welchen Wert für uns hat, wären echte Verbesserungen für die Gesellschaften möglich.

Beispiel: Gesellschaftliche Qualifikationen

In der Vergangenheit, aber selbst noch in der Gegenwart können sich Personen als Führungskräfte durchsetzen, obwohl sie nicht geeignet sind. Dies spielt auf unteren Führungsebenen kaum eine Rolle. Aber schon mittlere Führungskräfte müssen mit größeren Gruppen von Menschen arbeiten und können gravierende Entscheidungen treffen, die große Gemeinschaften beeinflussen. Für Gemeinschaften sowie die ganzen Gesellschaften ist es aus diesem Grund von essenziellem Interesse, dass die richtigen Führungspersönlichkeiten ausgewählt werden.

Betrachten wir uns die aktuelle Situation in der Welt. Da gibt es Extreme, wo bildlich gesprochen „Schafe von einem Rudel Wölfe regiert werden". Jeder kann sich gut vorstellen, was da stattfindet. Für die Gemeinschaft „der Schafe" ergibt das keinen Sinn. Wo und wie dieses Problem in vielleicht nicht so extremer Form auftritt, kann sich jeder selbst überlegen.

Eines ist jedoch klar: Jede potentielle Führungskraft sollte / muss einen bestimmten Anteil an Einsatz für die Gemeinschaften nachweisen können.

Ist dies aktuell im ausreichenden Maße der Fall? Die notwendigen Grundlagen für eine qualifizierte Auswahl entsprechend der Kriterien zur sozialen Kompetenz sind vorhanden. Allerdings sind diese nicht einfach anwendbar und letztlich priorisiert die mit der Auswahl beauftragte Stelle deren Einsatz.

In unserem nächsten Beispiel *„Wichtige Ämter"* schauen wir uns an, welchen Beitrag »Menschheit 10.0« und insbesondere die Einführung von »Menschheitspunkten« leisten kann.

Um eine bessere Anschaulichkeit zu erreichen, wählen wir die obere Führungsposition „Häuptling" eines Stammes aus.

Zu den Führungsaufgaben gehören:

- Existenz des Stammes sichern
- Mit anderen „Führungskräften" zusammenarbeiten
- Friedliches Zusammenleben organisieren

- Stamm gegebenenfalls gegen Angriffe verteidigen
- Positives Beispiel für andere sein
- Sich um die Gemeinschaft „kümmern"

Wie gut erfüllen unsere aktuellen „Häuptlinge" diese Aufgaben? Das hängt sicherlich von vielen Rahmenbedingungen, insbesondere der Größe der Gemeinschaften ab. Falls wir mit der Führung unzufrieden sind, könnte es auch sein, dass die aktuellen Auswahlkriterien den Anforderungen nicht entsprechen.
Es wäre so wichtig, dass Kapitäne ihr Schiff im Griff haben, ihre richtig ausgewählte Mannschaft gut kennen und für die Passagiere eine hohe Sicherheit und Zufriedenheit erreichen. Ist dies nicht der Fall, wartet vielleicht schon der nächste Eisberg auf alle.

An dieser Stelle sollen keine weiteren Ausführungen zu aktuellen Situationen folgen, sondern der Bezug zu »Menschheit 10.0« hergestellt werden.
Die Wertigkeit des Sachverhaltes, wichtige Ämter passend zu besetzen, ist unstrittig. »Menschheit 10.0«-Kriterien für Sachverhalte und damit für das „Regieren" zu nutzen, ist nicht der entscheidende Punkt in unserem Beispiel. Wir wollen schauen, welche Wirkungen die Nutzung der »Menschheitspunkte« entfalten kann.
Die Idee besteht darin, dass jeder „Häuptling", um in sein Amt zu kommen, »Menschheitspunkte« benötigt.

In der Zeit bis zu seiner Wahl wird der „Häuptling" immer mit den 5 Fragen konfrontiert.
Ist das – was er tut (Sachverhalte), positiv oder negativ für:

- alle Stämme (gesamte Menschheit)
- seinen Stamm (Gemeinschaft)
- jedem in seinem Stamm (Mensch)
- das Gebiet des Stammes (nahes Umfeld)
- alles auf der Erde (gesamte Umwelt)

Der potenzielle „Häuptling" erhält für positives Handeln »Menschheitspunkte« und für negatives Handeln werden ihm wieder Punkte abgezogen.

Vermutlich gibt es weitere Kandidaten für den Posten des „Häupt-lings". Diese Kandidaten unterliegen denselben Bewertungen.

Die Bewertungen sind auf die Sachverhalte, die »Menschheits-punkte« bezogen und stehen vor den Handlungen fest. Es gibt keinen „Nasenfaktor", das heißt persönliche Einflüsse verändern die Bewertungen der Sachverhalte nicht.

Die potenziellen „Häuptlinge" werden also bis zum Erreichen der erforderlichen Anzahl »Menschheitspunkte« ihre Leistungen an den, für die Menschen und Umwelt positiven Kriterien ausrichten müssen.

Dadurch entstehen folgende positive Effekte:

- es werden Werte für alle geschaffen
- die Auswahlkriterien sind für alle transparent
- ungeeignete Kandidaten werden die Kriterien auf Dauer nicht erfüllen können
- die für die spätere Führung notwendigen Fähigkeiten werden trainiert
- wer sich immer an Regeln hält, wird diese später nicht so leicht brechen.

Für zu Unrecht „erworbene" »Menschheitspunkte«, wären Sank-tionen denkbar, beispielsweise der Ausschluss von der Wahl des „Häuptlings". Apropos Wahl, es spricht nichts gegen eine ab-schließende Wahl durch den Stamm, das Volk.

Das Werte-/Bewertungssystem liefert transparente Entscheidungs-kriterien, die jedoch nicht endgültig sein müssen.

Für das Beispiel ist nicht Bedingung, dass die »Menschheitspunkte« komplett und verpflichtend eingeführt sind. Ein auf Freiwilligkeit ba-sierendes System für einzelne Posten würde ebenfalls funktionieren. Das heißt, wer freiwillig möglichst viele »Menschheitspunkte« sam-melt, hätte bei der Wahl einen Vorteil.

Falls die eine oder andere Führungspersönlichkeit doch noch nicht alles richtig macht und so bei dem Lesen dieses Beispiels beziehungsweise der Anforderungen die Schweißperlen auf die Stirn getreten sind, eine Anmerkung zur Beruhigung.
Jeder kann sich laufend verbessern!
»Menschheitspunkte« wird es vermutlich erst in xx Jahren geben. Ab dann können diese transparent von allen erworben werden. Für die gesellschaftlich wichtigen Jobs wird wohl eine Mindestanzahl an »Menschheitspunkten« erforderlich sein. Dadurch würden die entsprechenden Posten sogar gesellschaftlich aufgewertet.

Aktuell würde keine Führungsperson ihren Posten aufgrund der Einführung von »Menschheit 10.0« verlieren.
Sich ab sofort (noch) mehr für die Menschen und die Umwelt einzusetzen oder sich an den Kriterien von »Menschheit 10.0« zu orientieren, wäre allerdings eine sehr gute Idee.

Beispiel: „Unnötiges" vermeiden

Im nächsten Beispiel wird »Menschheit 10.0« für eine weitere Herausforderung genutzt. Es geht schwerpunktmäßig darum, wie man „Unnötiges" vermeiden kann. Nur was ist unnötig?

Zum besseren Verständnis greifen wir uns den Bereich *„Unnötige Produkte"* heraus.

Was sind also unnötige Produkte?

Die Meinungen können bei dieser Frage auseinander gehen. Folgende einfache Umschreibung sollte jedoch passen. Unnötige Produkte sind Dinge, auf die ohne weiteres verzichtet werden kann. Derartige Produkte werden überwiegend deshalb gekauft, weil mit gezieltem Marketing ein künstlicher Bedarf geweckt wird.

In den letzten Jahrzehnten wurden wir Menschen außerdem ständig auf das Konsumieren trainiert. Etwas Antrainiertes zu ändern, ist nicht so einfach.

Unnötige Produkte sind auch solche, die nach kurzer Zeit unbrauchbar sind, also Produkte mit schlechter Qualität beziehungsweise kurzer Nutzungsdauer.

Der Markt regelt, dass die unnötigen oder minderwertigen Produkte nach einer Weile nicht mehr nachgefragt werden. Dies ist in vielen Fällen so, aber nicht in allen.

Für die Herstellung unnötiger Produkte werden Ressourcen verbraucht. Diese Ressourcen, wie zum Beispiel Sauerstoff und Wasser, gehören uns allen. Es wäre also durchaus berechtigt, dass wir noch vor der Produktion darüber entscheiden, ob die Ressourcen für derartige unnötige Produkte eingesetzt werden, denn diese Ressourcen fehlen dann ja für Sinnvolleres.

Wird ein unnötiges Produkt nicht produziert, haben wir eine 100%ige Einsparung von Ressourcen.

Es ist nicht notwendig, dies noch im Detail mit den Kriterien von »Menschheit 10.0« zu untermauern. Mit einigen gängigen Argumenten wollen wir uns allerdings auseinandersetzen.

Eine gern genutzte Argumentationskette ist:

⇒ weniger Produkte

⇒ niedrigerer Umsatz

⇒ niedrigere Wirtschaftsleistung

⇒ Arbeitsplatzabbau

⇒ Senkung des Wohlstandes.

Diese Argumentationskette ist jedoch schlichtweg falsch. Weder die Anzahl noch die Varianz von Produkten hat zwangsläufig einen Einfluss auf den Umsatz. Der gleiche Umsatz kann auch mit höherwertigen Produkten erwirtschaftet werden. Wirtschaftsleistung ist eine künstliche Definition, die nichts über die Sinnhaftigkeit des Erwirtschafteten aussagt. Die Produktion von unnötigen Produkten schützt nicht vor Arbeitsplatzabbau und senkt nicht den Wohlstand.

Eine andere Argumentation ist ebenfalls zweifelhaft. Es gibt die billigen Produkte, damit möglichst vielen Menschen derartige Produkte zugänglich sind. Das heißt im Umkehrschluss, wer sich gute teure Produkte nicht leisten kann, soll sich wenigstens die Produkte mit geringem Nutzwert kaufen. Rein rechnerisch ergeben viele unnötige Produkte in der Summe ein nützlicheres besseres Produkt. Wenn man ein Produkt wegen schlechter Qualität erneut kaufen muss, wird es eventuell sogar teurer.

Produkte müssen mittlerweile erhebliche Umweltstandards erfüllen. Das ist sehr gut. Ein nach diesen hohen Standards gefertigtes unnötiges Produkt ist trotzdem umweltschädlich. Es hat keinen Wert und hat die Umwelt durch seine Herstellung belastet.

Wer jetzt denkt, es darf nicht mehr kreativ und variantenreich produziert werden, liegt falsch. Es geht lediglich darum, dass es sehr viele Vorschriften für alles Mögliche rund um die Produkte gibt. Sinnhaftigkeit hingegen ist ein freiwilliges Nachdenken in den Unternehmen. Warum sollten wir dieses Nachdenken nicht viel stärker anregen?

Für viele Menschen ist es wahrscheinlich einfacher, aus zwanzig verschiedenen Produkten zu wählen statt aus einhundert.

Selbst wenn nur 5 % unnötige Produkte nicht mehr produziert werden, hätten wir ca. 5 % Ressourceneinsparung und das, ohne etwas dafür tun zu müssen. Das ist doch super – wir kaufen 5 % weniger, vermutlich entbehrliche Produkte, und haben sowohl etwas für unseren Geldbeutel wie auch für die Umwelt getan.

„Unnötige Produkte" sind nicht unnötig, wenn sie Freude bereiten. Kunst, Kultur, etwas Sammeln und auch nützliches Kaufen hat seinen Sinn. »Menschheit 10.0« will, dass wir Menschen einen Sinn in unserem Leben sehen und zufrieden sind.

Macht jedoch massenhafter Konsum oder unnötiges Besitzen wollen einen Sinn und wirklich glücklich?
Entscheiden muss das jeder für sich selbst.

Da es kein unbegrenztes Wachstum gibt, sind Veränderungen in den nächsten Jahrzehnten unausweichlich. Es ist doch sehr sinnvoll, dann auf das zu verzichten, was man ohnehin nicht braucht. Wer ohne massenhaftes Konsumieren nicht auskommt, wird sich spätestens in einigen Jahren nach einem neuen Sinn in seinem Leben umschauen müssen.

Bisher war an diesem Beispiel wenig »Menschheit 10.0«-Spezifisches. »Menschheit 10.0« könnte weitere Argumente liefern, warum wir unnötige Produkte oder solche von schlechter Qualität oder kurzer Lebensdauer nicht länger kaufen sollten.

»Menschheit 10.0« kommt an einer anderen Stelle zum Zuge. »Menschheit 10.0« macht ein Angebot für eine alternative Sinnhaftigkeit beziehungsweise Befriedigung.

Wer sich für die Menschen und die Umwelt einsetzt, wird mit »Menschheitspunkten« belohnt. Ein Punktesystem also in die entgegengesetzte Richtung als bisher beim Sammeln von Rabattpunkten für geleisteten Umsatz: Wer nichts kauft, bekommt Punkte.
Das wäre sinnvoll und es kann auch zufrieden machen.

Zusammenfassung zu den Beispielen

Mit den Kriterien des Werte-/Bewertungssystems von »Menschheit 10.0« können Sachverhalte ausreichend gut bewertet werden, das heißt, ob sie für uns Menschen wertvoll sind, ob Verbesserungen vorgenommen werden sollten oder ob sie nicht sogar vollkommen wegfallen können.

Auch ohne die Durchführung aller Schritte und eine genaue Quantifizierung lassen sich die Sachverhalte so gut abschätzen, dass Prioritäten neu gesetzt werden können.

Wir brauchen, um die anstehenden Herausforderungen bewältigen zu können, Ressourcen in allen Bereichen. Diese sind in vielen Fällen in Sachverhalten mit zweifelhaftem Nutzen gebunden. Ressourcen für notwendige Veränderungen wären im Prinzip vorhanden, nur müssen wir uns von unnötigen Sachverhalten auch tatsächlich trennen und nicht nur darüber reden. »Menschheit 10.0« könnte dabei helfen.

Wie an den unterschiedlichen Beispielen zu sehen, ergeben sich Vorteile durch »Menschheit 10.0« während der verschiedenen Schritte. Diese Vorteile lassen sich teilweise einzeln nutzen. Es ist nicht zwingend erforderlich das Werte-/Bewertungssystem von »Menschheit 10.0« mit all seinen Möglichkeiten für alle Sachverhalte anzuwenden. Allein qualitative Bewertungen der wichtigsten Sachverhalte mittels der Kriterien von »Menschheit 10.0« hätte einen gigantischen Nutzen.

Im Teil 5 „Motivation" im Kapitel „Vorteile für …" sind weitere Vorteile von »Menschheit 10.0« zu finden.

Teil 4: »Menschheit 10.0« einführen

Grundüberlegungen

Nachdem wir in den vorherigen Teilen »Menschheit 10.0« ken-
nenlernen konnten, ergibt sich nun die Frage: „Wie lässt sich
»Menschheit 10.0« einführen?" Was nützt uns die beste Idee,
wenn wir nicht wissen, wie wir sie umsetzen können.

»Menschheit 10.0« ist mit den 5 einfachen Fragen zu den Schwerpunkten an sich nicht schwierig. Da das System auf nahezu alle
Sachverhalte angewendet werden kann, ergibt sich allerdings
eine enorme Vielfalt. »Menschheit 10.0« zu nutzen, um globale
Veränderungen zu unterstützen, ist zusätzlich herausfordernd.

Es gibt sehr viele Diskussionen im Freundeskreis, an Stammti-
schen, in Religionsgemeinschaften, Parteien, wissenschaftlichen
Foren und an vielen Stellen mehr. Sehr viele dienen der Unter-
haltung, andere der Stärkung des Gemeinschaftsgefühls oder
der Ideenentwicklung. Bei den Feststellungen ist man sich oft
einig und auch, dass sich manches ändern müsste. Sogar die
eine oder andere gute Idee entsteht. Schwieriger wird es dann,
Ideen in Taten umzusetzen.

Im Kapitel „Prinzipien" wurden die beiden grundsätzlich verschiedenen Denkweisen, „Schnelles Denken" und „Langsames Denken"
angesprochen. Wir sind bequem, auch beim Denken und so stim-
men wir schnell mal einer Idee zu, tun uns aber schwer, diese
systematisch und eventuell gegen Widerstände durchzusetzen.
Ist das schlimm? Nein – nur schade.

Wir müssen berücksichtigen, dass die meisten Menschen sich
nicht aktiv an der Entwicklung von »Menschheit 10.0« beteiligen
werden. Und viele Menschen werden ihr Verhalten ohne ausreichend Impulse oder Druck nicht sofort ändern.
Die Menschen werden allerdings Sinnvolles unterstützen. Also
brauchen wir für »Menschheit 10.0« einen auf die Möglichkeiten
zur Umsetzung der Ideen abgestimmten Plan für die Einführung.

Anforderungen an die Einführung

Um »Menschheit 10.0« entsprechend der beschriebenen Eigenschaften installieren zu können, ist eine zielgerichtete Einführung wichtig.

Die Einführung von »Menschheit 10.0« soll auf folgende Art und Weise erfolgen:

Offen:

- Beteiligung aller Menschen, Gemeinschaften und Organisationen

  ⇒ objektive unparteiische Bewegung

Flexibel:

- Umsetzung und Ausgestaltung

  ⇒ pro Land, je Ländervereinigung, global

  ⇒ je Gruppe von Personen / Organisationen

Kommunikativ:

- alle Kommunikationskanäle nutzen
- progressive Ideen sammeln und auswerten
- Diskussionen / Bewertungen ermöglichen

Vertrauenswürdig:

- Schutz persönlicher Daten und von Quellen
- Verwendung gesicherter Informationen

Mehrsprachig:

- in möglichst viele Sprachen übersetzen.

Einführungsschritte

Folgende Schritte zur Einführung von »Menschheit 10.0«
sind geplant:

1. Idee und Plan veröffentlichen
2. Konzept verfeinern
3. »Menschheit 10.0«-Plattform schaffen
4. Idee weiter verbreiten
   a) für die Idee werben
   b) gezielt Förderer suchen
5. Bewegung weiter ausbauen
6. »Menschheit 10.0«-Pilotanwendungen
7. Werte-/Bewertungssystem(e) entwickeln
   a) Auswerten der Infos / Erfahrungen
   b) »Menschheitspunkte« schaffen
8. Werte-/Bewertungssystem(e) nutzen

Zu 1.) Idee und Plan veröffentlichen

In der Anfangsphase sind Veröffentlichungen in deutscher,
englischer und französischer Sprache geplant:

- Internetauftritte: *www.menschheit10.org*,
  www.humanity10.org
  www.humanite10.org
- Flyer (1-seitig, 4-seitig)
- Präsentationen (Übersicht, Beispiele)
- Fragen & Antworten
- Wikipedia-Eintrag
- Buch: „Menschheit 10.0",
  „Humanity 10.0"
  "Humanite 10.0"

Übersetzungen in möglichst viele Sprachen sind geplant.
Wann diese erfolgen, ist noch nicht klar.

Zu 2.) Konzept verfeinern

»Menschheit 10.0« ist ein sehr großes Projekt. Alle Details können erst nach und nach entstehen. Das aktuelle Konzept wird ständig hinterfragt und verbessert. Je nachdem, wie viele und welche Partner sich beteiligen, werden für den Start die Schwerpunkte entsprechend gesetzt und die Sachverhalte gewählt. Um ein Thema voranbringen zu können, muss eine Grundlage existieren. »Menschheit 10.0« ist als Konzept eine Diskussionsgrundlage. Einzelne Teile sind schlüssig und umsetzbar, an anderen muss noch gearbeitet werden.

Zu 3.) »Menschheit 10.0«-Plattform schaffen

Die Zusammenarbeit bei »Menschheit 10.0« muss organisiert werden. Es muss eine Plattform geschaffen werden, die insbesondere die Informationsverteilung und eine breite Kommunikation ermöglicht.

Für das Organisieren der Zusammenarbeit sind zum Beispiel wichtige Punkte:

- Strategie und Regeln festlegen
- Art und Umfang der Aufgaben beschreiben
- Erforderliche Fähigkeiten rekrutieren
- Notwendige Schritte definieren
- „Startorganisation" aufbauen.

Es muss ein Kernteam zusammengestellt werden, das die weiteren Schritte zur Einführung organisieren kann. Für »Menschheit 10.0« kann sich jeder auf unterschiedliche Art und Weise einsetzen. Wer sich für eine aktive Mitarbeit interessiert, informiert sich am besten auf der Internetseite *www.menschheit10.org* oder schreibt eine E-Mail an *info@menschheit10.org*.

Die ersten drei Schritte zur Einführung sind noch wenig spezifisch. Bei den nächsten Abschritten wird die Abstimmung zwischen dem Aufbau von »Menschheit 10.0« und der geplanten Einführung deutlicher.

Zu 4.) Idee weiterverbreiten

In der heutigen Zeit ist es nicht einfach, eine Idee so zu platzieren, dass sie in der großen Vielzahl von Informationen tatsächlich wahrgenommen wird. Selbst spektakuläre Aktionen gehen teilweise in der Masse unter. Wie lange musste beispielsweise Greta Thunberg dasitzen, bevor sie mit ihrem Anliegen, dem alle betreffenden Umweltschutz wahrgenommen wurde.

Nun stelle man sich vor, ein normaler Erwachsener sitzt vor dem Parlament oder an einer anderen öffentlichen Stelle. Er würde, egal was auf seinem Schild steht, vermutlich nicht als ein ernstzunehmender Vertreter einer Idee wahrgenommen. Er bekommt vielleicht Mitleid oder wird irgendwie anders gesellschaftlich „verarbeitet". Einzelaktionen erzielen nicht die für den Start von »Menschheit 10.0« erforderlichen Effekte.

Deshalb sind folgende Aktivitäten angedacht, um die Idee nach und nach in die Köpfe aller Menschen zu bringen.

Werben für die Idee

Um sichtbar zu werden und erfolgreich sein zu können, wird in der heutigen Zeit oft mit Symbolen oder „Marken" gearbeitet. So ist gewährleistet, dass eine Identifikation mit der Grundidee oder Sache entstehen kann, ohne dass die Details einzelner Entwicklungen ständig genau verfolgt werden müssen.

Das Symbol / die Marke »Menschheit 10.0« wäre eine Non-Profit-Marke. Es geht nicht darum, mit der Marke Gewinne zu erwirtschaften, sondern um für »Menschheit 10.0« ein Erkennungsmerkmal zu schaffen

Die Entwicklung eines Symbols / einer Marke braucht Zeit und professionelles Marketing, um sie in der Öffentlichkeit ausreichend sichtbar zu machen.

Potenzielle Interessenten gezielt ansprechen

Es ist einfach zu ignorieren, was um uns herum vor sich geht. Etwas anderes ist es, wenn man angesprochen und auf bestimmte Sachverhalte – sozusagen – gestoßen wird. Bei der heutigen

Reizüberflutung ist selbst, wenn jemand angesprochen wird, leider keine Garantie vorhanden, dass es zu Reaktionen kommt. Das Ansprechen erfolgt deshalb gezielt und transparent. Wer wie reagiert hat, wird die Menschen interessieren.

Bei »Menschheit 10.0« sollen alle einbezogen werden, deshalb ist Art und Umfang der Anzusprechenden nicht begrenzt. Sinnvollerweise wird mit „aussichtsreichen" Personen und Organisationen begonnen.

Warum werden diese beiden Aktivitäten, „Marke" und „Ansprechen" bei der Einführung von »Menschheit 10.0« favorisiert?

Es gibt bereits viele progressive Organisationen mit teilweise überragenden Leistungen für die Gemeinschaften. Viele haben eigene und manche sogar ähnliche Symbole / „Marken", zum Beispiel „… for Future" oder „… 4 Future".

Warum eine separate „Marke" für »Menschheit 10.0«?

Wie am Anfang des Buches schon beschrieben, haben diese progressiven Initiativen meist einzelne Schwerpunkte und keinen Gesamtansatz zur umfassenden Neuausrichtung der sehr unterschiedlichen Gemeinschaften / Gesellschaften. Viele der Initiativen arbeiten an der Verbesserung von aktuellen Situationen, manche haben auch mittelfristige Schwerpunkte. Für die anstehenden Herausforderungen müssen aber in Zukunft alle zusammenarbeiten.

Man stelle sich in diesem Zusammenhang vor, eine Initiative würde versuchen, die Oberhand zu gewinnen. Oder anders gesagt, ein Symbol / eine „Marke" würde dominieren, während andere weniger sichtbar sind oder „übernommen werden". »Menschheit 10.0« hingegen möchte die Vielfalt erhalten.

Wer sich bereits für die Gesellschaft engagiert, kann dies genauso weiter tun. Alle Initiativen können ihre Identität inklusive Symbole / „Marken" weiterentwickeln.

Ein weiteres Argument für ein neues Symbol / eine neue „Marke" ist, dass diese inhaltlich noch beliebig ausgefüllt werden kann.

Es gibt keine Altlasten oder Vorbelegungen und keine Denk- und Handlungsbeschränkungen. Bei »Menschheit 10.0« sollen

Sachverhalte möglichst „unbelastet" bearbeitet werden können.
Und es gibt noch ein weiteres Argument. Viele Menschen engagieren sich noch nicht, obwohl es viele progressive Initiativen schon
lange gibt. Vielleicht haben diese Menschen größeres Interesse
an einer strategischen Initiative wie »Menschheit 10.0«.

»Menschheit 10.0« will integrieren und zielorientierte Zusammenarbeit über aktuell scheinbar unüberwindliche Barrieren hinweg
ermöglichen.
Welche Organisation(en) wäre(n) aktuell dazu in der Lage?

Ein weiterer Implementierungsschwerpunkt ist: »Menschheit 10.0«
soll als schwer angreifbares flexibles zukunftssicheres System
gestaltet werden.

Die 5 einfachen Fragen nach dem Nutzen eines Sachverhaltes
für uns Menschen, die Gemeinschaften, die gesamte Menschheit,
das nahe Umfeld und die gesamte Umwelt als unsinnig abzutun,
ist nicht so einfach möglich.

Das Werte-/Bewertungssystem wird von uns allen gemeinsam
entwickelt. Wer von Anfang an dabei ist, hat sofort Einfluss auf
dessen Gestaltung.

Wenn das Werte-/Bewertungssystem dann installiert wird, könnten alle, die sich für die Gemeinschaft eingesetzt haben sowie
diejenigen, die an der Entwicklung von »Menschheit 10.0« beteiligt
waren, »Menschheitspunkte« bekommen. Das könnte für den
einen oder anderen interessant sein.

Aus diesen Überlegungen heraus erscheint das gezielte Ansprechen von Personen und Organisationen aussichtsreich.

Viele Organisationen haben bereits progressive Programme. Bei
manchen sind dies zunächst nur Absichtserklärungen, aber ein
gezieltes Nachfragen könnte die Umsetzung voranbringen.

Im Teil 5. „Motivation" sind Vorteile von »Menschheit 10.0« für
verschiedene Personengruppen und Organisationen beschrieben. Ein Ansprechen würde beispielsweise mit dem Verweis
auf diese Vorteile erfolgen.

Um einen besseren Eindruck zu vermitteln, wer angesprochen werden soll, hier ein paar Beispiele:

- Organisationen, zum Beispiel „...forFuture", ...
- Universitäten, Institute, ...
- Wissenschaftler, Künstler, Influencer, ...
- VN, EU, Regierungen, ...
- Medien, zum Beispiel TV, Zeitungen, Internet.

Dieses Ansprechen soll auch die aktuellen Stellungen der Personen und Organisationen berücksichtigen.
Im nächsten Punkt wird näher darauf eingegangen.

Zu 5.) Bewegung weiter ausbauen

Das Ansprechen der Personen, Personengruppen und Organisationen erfolgt mit dem Ziel, eine breite Unterstützung für die Idee zu erzeugen. Dabei ist jegliche Form der Unterstützung willkommen, zum Beispiel die Idee gut finden, die Idee mit verbreiten, sich der Idee anschließen, aktiv mitarbeiten, Dienstleistungen erbringen, spenden und so weiter.
Für »Menschheit 10.0« werden viele aktive Mitstreiter benötigt. Dies sollten Personen und Organisationen sein, die die Notwendigkeit umfassender Veränderungen sehen und daran gern mitarbeiten wollen.
Wenn »Menschheit 10.0« von großen beziehungsweise wichtigen Organisationen mitgetragen wird, ergeben sich wesentlich verbesserte Rahmenbedingungen. Es kommt zu großen Projekten, die mit Hilfe von professioneller Unterstützung umgesetzt werden können.

Die Unterstützung durch alle existierenden progressiven Initiativen, Personen und Organisationen wäre ideal. Dabei geht es nicht um den Wechsel der Menschen von der einen Initiative zur anderen, sondern um den gegenseitigen Vorteil, das heißt, die progressiven Kräfte und »Menschheit 10.0« unterstützen sich gegenseitig. Existierende Strukturen sind sehr wertvoll und eine gute Möglichkeit schneller voranzukommen.

»Menschheit 10.0« möchte auch anregen, dass Gemeinschaften, Personen und Organisationen, die bisher nicht so progressiv in Erscheinung getreten sind, die Chance ergreifen, sich für be stimmte Themen bzw. für »Menschheit 10.0« einsetzen.

Die Konflikte zwischen Staaten sind beispielsweise nicht in den Menschen begründet, sondern darin, dass Regierungen, einzelne Gruppen oder sogar nur einzelne Anführer diese schüren.
Manchmal besteht aber nur eine Art „Pattsituation", in der Entgegenkommen als „Schwäche" keine Option zu sein scheint.
Religionen haben teilweise gemeinsame Werte. Es ist deshalb mehr als erstaunlich, dass es Religionskonflikte gibt.
Wenn durch uns Menschen mittels »Menschheit 10.0« diese Verhältnisse hinterfragt werden, könnte vielleicht doch Bewegung in die jeweiligen Gemeinschaften und Organisationen kommen.

Warum sollte es nicht Initiativen geben, wie zum Beispiel:

- Regierungen für die Menschheit
- Religionen für die Menschheit
- …

Das von uns Menschen entworfene „Gebäude Menschheit" hat viele Säulen. Die Säulen stehen auf einem gemeinsamen Fundament, der Umwelt. »Menschheit 10.0« als Verbindungselement für bessere Stabilität der Säulen und gleichzeitig als „Schutz gegen das Eindringen von negativen Einflüssen" –
wäre dies nicht eine schöne Vorstellung?

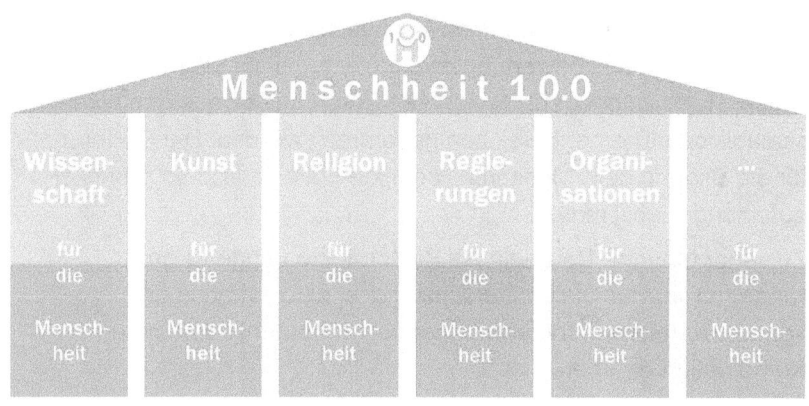

Abbildung 9: Gebäude Menschheit

zu 6.) »Menschheit 10.0«-Pilotanwendungen

Das Vorgehen pro Sachverhalt wurde bereits beschrieben und anhand von ersten Beispielen erläutert. Die Einführung beziehungsweise der Test, wie die Bewertungen wirken sowie der Versuch »Menschheitspunkte« zu vergeben, sollte mittels vieler „Pilotprojekte" erfolgen. In diesen Projekten soll insbesondere das existierende wissenschaftliche Know-how und alle Erfahrungen aus den bereits installierten „Insellösungen " einfließen. So können schnell weitere Ideen für das Werte-/Bewertungssystem generiert werden.

Welche Sachverhalte eignen sich als Pilotprojekte?

Eine Variante wäre, auf bestehende Bewertungssysteme aufzubauen und diese um die Kriterien von »Menschheit 10.0« zu erweitern. Falls die bisherigen Bewertungskriterien bereits einen vergleichbaren Fokus haben, könnte man sofort zur Quantifizierung, also dem Bilden von »Menschheitspunkten« übergehen.

Eine große Akzeptanz könnte erreicht werden, wenn die dringendsten Herausforderungen zuerst betrachtet würden, somit wären erste Umsetzungen unmittelbar nach der Pilotphase möglich.

Eine systematische Auswahl an Sachverhalten zu treffen, würde helfen, das Werte-/Bewertungssystem schnell auf einen universellen Stand zu bringen. So könnten Erkenntnisse aus den unterschiedlichen Themenbereichen gesammelt werden. Die Faktoren für die Bildung der »Menschheitspunkte« lassen sich so schneller aufeinander abstimmen.

Zu variantenarme Beispiele als Pilotprojekte bringen wenig. Hingegen würden viele unterschiedliche, also einfache und komplexe Beispiele mit ausreichender Bedeutung, eine gute Kombination ergeben.

Denkbar wäre auch, viele Sachverhalte schnell mit den Bewertungskriterien von »Menschheit 10.0« zu überprüfen, um so eine sinnvolle Auswahl für detailliertere Bewertungen zu generieren.

Genau diese Vorgehensweise des „Sachverhalte schnell mal mit den 5 Fragen bewerten", würde sich für jeden Einzelnen anbieten. Die Fragen, ist der Sachverhalt positiv oder negativ für die gesamte Menschheit, die Gemeinschaft, uns Menschen, das nahe Umfeld und die gesamte Umwelt, geben sofort Hinweise auf Verbesserungspotentiale. Wenn diese Fragen vielen Sachverhalten konsequent gestellt werden, ergeben sich neue sinnvolle Prioritäten.

Zu 7.) Werte-/Bewertungssystem(e) entwickeln

Erste Vorschläge für das Werte-/Bewertungssystem von »Menschheit 10.0« wurden bereits beschrieben.

Es gab Ideen für dessen Aufbau, weitere Entwicklungen und die Einführung. An dieser Stelle soll nur noch einmal eine kurze Zusammenfassung gegeben werden.

Die Bewertung der unterschiedlichsten Sachverhalte in Bezug auf die Schwerpunkte:

- gesamte Menschheit
- Gemeinschaft
- Menschen
- Nahes Umfeld

- Gesamte Umwelt

sind als Grundgedanke schnell anwendbar.

Schon bei den ersten schnellen Einschätzungen zeigt sich, welche Sachverhalte positiv und welche Sachverhalte negative Bewertungen erhalten. Die quantitative Bewertung sowie die Hinzunahme der Bewertung der Trends zum Sachverhalt ist der nächste Schritt. Danach müssen die Zusammenhänge zwischen den Sachverhalten und den Schwerpunkten noch bewertet werden, so dass ein aufeinander abgestimmtes Bewertungssystem entsteht. Wenn alles schlüssig ist, können die »Menschheitspunkte« entstehen.

In den bisherigen Schritten sind Bewertungen angestrebt, die sich ausschließlich auf den Sachverhalt konzentrieren. Eine Verbindung zu Personen und Organisationen erfolgt erst im nächsten Schritt. Zu diesem Zeitpunkt muss bereits geklärt sein, welchen Wert die »Menschheitspunkte« haben und wie sie in unser Leben eingebunden werden.

Dazu gehört beispielsweise, dass ein Anreiz nur dann besteht, wenn für die »Menschheitspunkte« ansprechende Gegenwerte angeboten werden. Insbesondere an dieser Stelle sind Ideen und Vorschläge gefragt. Je attraktiver die Gegenwerte für die »Menschheitspunkte« sind, umso schneller und effektiver lässt sich das Werte-/Bewertungssystem implementieren.

Das Werte-/Bewertungssystem auszugestalten und sinnvolle »Menschheitspunkte« zu definieren, werden sehr spannende Aufgaben bei »Menschheit 10.0«.
Spätestens dann sollten sich möglichst viele Menschen für »Menschheit 10.0« interessieren.

Zu 8.) Werte-/Bewertungssystem(e) nutzen

Welche Stellung »Menschheit 10.0« und dessen Werte-/Bewertungssystem einmal haben werden, wird die Zukunft zeigen.

Die Chancen stehen jedoch gut, dass »Menschheit 10.0«
(oder etwas Vergleichbares unter anderem Namen) installiert
wird.

Es gibt viele Vorteile!

Gibt es eine bessere Lösung als die Einführung einer, an
menschliche Werte und echte Wertschöpfung geknüpften
neuen flexiblen „Währung"?

Was wären die Alternativen?

Etwa in den bestehenden Gesellschaften laufend mit Einzel-
anreizen und „Minimalreformen" eingreifen zu müssen und
immer nur das Schlimmste zu verhindern?

Wir haben nicht mehrere Generationen lang Zeit, sondern
wir müssen jetzt zukunftsorientiert handeln.

Wer setzt »Menschheit 10.0« wie um?

Die beschriebenen Schritte zur Einführung von »Menschheit 10.0« sind grundlegender Natur. Eine Einführung erfolgt jedoch im aktuellen gesellschaftlichen Umfeld und nicht „auf der grünen Wiese". Um die Einführungsszenarien auf die aktuellen Verhältnisse abstimmen zu können, ist es notwendig diese näher zu betrachten.

Die »Menschheit 10.0«-Organisation ist als neutrale Bewegung nicht ausgestattet, um ein Werte-/Bewertungssystem im Detail umsetzen zu können und strebt auch nicht in eine derartige Position an. Das heißt, die bestehenden staatlichen und gesellschaftlichen Strukturen werden insbesondere bei der Implementierung von »Menschheit 10.0« eine wichtige Rolle spielen.

Es gibt weltweit viele, teilweise sehr unterschiedliche gesellschaftliche Strukturen, zum Beispiel:

- Europäische Union
- USA
- Russland
- China
- Religiös geführte Länder
- Entwicklungsländer
- Unterentwickelte Länder
- … von der Zivilisation abgeschiedene Gebiete.

Ob und wie gut sich »Menschheit 10.0« in diesen Strukturen platzieren kann, ist reine Spekulation.
Wir sollten uns darauf konzentrieren, »Menschheit 10.0« mit so vielen Vorteilen auszustatten, dass eine breite Akzeptanz bei den Menschen erzeugt wird und kein Weg an einer Einführung vorbeigeht.

Deshalb an dieser Stelle noch einige für die Einführung wichtige
Vorteile:

**»Menschheit 10.0« wird parallel zu allem Bestehenden
entwickelt**

- Langfristige, systematische Entwicklung eines neuen
  nachhaltigen Systems
- Breite Beteiligung aller in den Gesellschaften
- Positive Ausblicke für uns Menschen werden generiert
- Unterschiede in den Gesellschaften sind keine K.O.-Kriterien
- Aktuelle Erfahrungen und Tools aus verschiedenen
  Bereichen sind nutzbar

Einführung kann flexibel gestaltet werden

- Schwerpunkte gezielt wählbar (Priorität und Zeitpunkt)
- Auswirkungen auf Personen und Organisationen pro
  Sachverhalt steuerbar
- Kein zwanghafter Standard für alles, zum Beispiel freie
  Wahl der Sachverhalte entsprechend dem Bedarf.

Die Vorteile der Flexibilität dürfen jedoch nicht dazu führen,
dass andere angestrebte Ziele, Prinzipien oder Werte aufge-
geben werden müssen.
Das System bzw. die Strukturen dürfen nicht zu unübersichtlich
und zu komplex werden.

Es wird folgender organisatorischer und struktureller Vorschlag
für die Einführung gemacht.

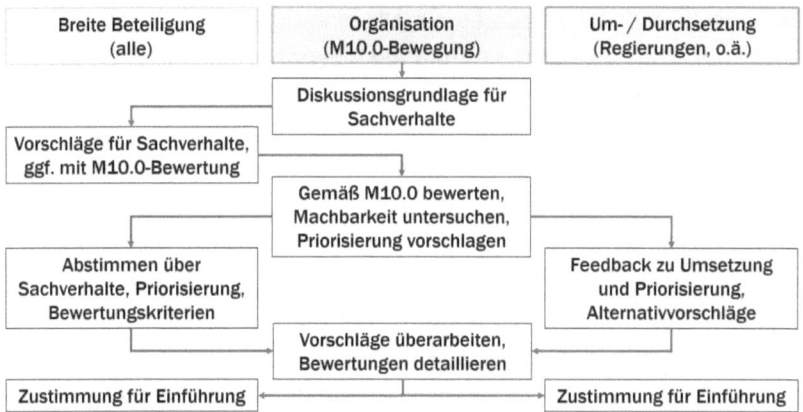

Abbildung 10: Vorschlag für Struktur Einführung

Wenden wir uns zunächst den, in den drei obersten Kästchen genannten Gruppen von Beteiligten zu.

„Breite Beteiligung (alle)" meint genau das, was geschrieben steht. Es können sich alle Menschen, Gemeinschaften, Organisationen wirklich alle beteiligen.

„Organisation (»M10.0«-Bewegung)" steht für die Bewegung aus allen an »Menschheit 10.0«-Interessierten aus den unterschied-lichsten Bereichen.

Es ist eine breite Mitarbeit angestrebt. Es entscheidet aber jede Person oder Organisation selbst, ob sie sich an der Entwicklung von »Menschheit 10.0« aktiv beteiligen und so zum Beispiel auch ihre Interessen einbringen will.

Das Entscheidende an dieser Bewegung ist, dass aufgrund der Vielfalt der Beteiligten eine „gemittelte Neutralität" entsteht und keiner in der Bewegung dominieren kann. Die Entscheidungen sollen ausschließlich aufgrund der objektiven Bewertungen zu den Sachverhalten fallen.

»Menschheit 10.0« erfordert ebenfalls eine richtige Organisation. Diese hat beispielsweise die Aufgabe alle notwendigen organisatorischen Voraussetzungen zu schaffen, Prozesse zu installieren und zu überwachen, Entscheidungen herbeizuführen.
Die Neutralität und Integrität dieser Organisation sind von entscheidender Bedeutung für eine breite Akzeptanz. Etwaige Verbindungen zu Organisationen dürfen keinen entscheidenden Einfluss auf die zu treffenden Sachentscheidungen haben.

„Um-/Durchsetzung (Regierungen)" stellt klar, dass sich die »Menschheit 10.0«-Organisation als Mittler zwischen den Ideen und Wertvorstellungen der Menschen und den für die Umsetzung verantwortlichen Regierungen und Organisationen versteht.
Die bisherigen gesellschaftlichen Strukturen sollen für die Um- und Durchsetzung genutzt werden.

Es gibt weiterhin übergeordnete einflussreiche Organisationen, wie die VN, Religionsgemeinschaften, große Konzerne.
Die in vielen Ländern herrschenden Verflechtungen von Regierungs- mit Nicht-Regierungsorganisationen zu ignorieren, wäre unsinnig. Das heißt, auch über diese Organisationen würden Teile der Umsetzung erfolgen.

Aufgrund der Tatsache, dass Machtkonzentrationen im Bereich der Um- und Durchsetzung entstehen könnten, wird auf die Bewegung von »Menschheit 10.0« noch eine Kontrollfunktion zukommen.
Es muss geschaut werden, ob das, was die breite Masse der Menschen und Gemeinschaften will, auch durchgesetzt wird. Außerdem müssen die Bewertungszyklen für die Sachverhalte geplant und überwacht sowie Verbesserungspotentiale gesammelt werden.

Wie die Erfassung dieser Potenziale und das Organisieren der Bewertungen abgesichert werden sollen, ist im nächsten Bild dargestellt.

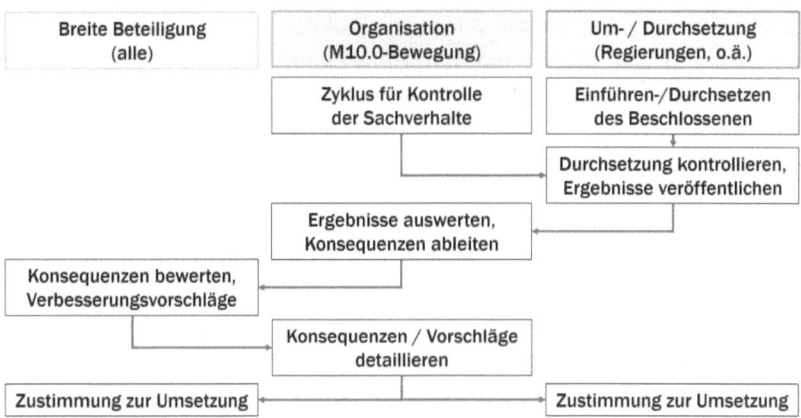

Breite Beteiligung (alle)	Organisation (M10.0-Bewegung)	Um- / Durchsetzung (Regierungen, o.ä.)
	Zyklus für Kontrolle der Sachverhalte	Einführen-/Durchsetzen des Beschlossenen
		Durchsetzung kontrollieren, Ergebnisse veröffentlichen
	Ergebnisse auswerten, Konsequenzen ableiten	
Konsequenzen bewerten, Verbesserungsvorschläge		
	Konsequenzen / Vorschläge detaillieren	
Zustimmung zur Umsetzung		Zustimmung zur Umsetzung

Abbildung 11: Vorschlag Erfolg sicherstellen

Die Menschen äußern ihre Prioritäten und bekommen die Durchsetzung dieser quasi kontrolliert. Außerdem werden getroffene Entscheidungen regelmäßig hinterfragt und gegebenenfalls korrigiert.

Derartige Ansätze von „Basisdemokratie" gab und gibt es immer mal wieder. Warum konnten sich diese bis jetzt nicht durchsetzen?

Ein Grund könnte sein, dass „Basisdemokratie" zu stark mit der „Macht-Frage" in Verbindung gebracht wurde und wird.

Dabei ist es den meisten Menschen egal wie und von wem sie regiert werden, solange sie zufrieden sind. Sie werden zufrieden sein, wenn sie ihre Wünsche äußern können und ein Teil davon in Erfüllung geht. Sie werden nicht unzufrieden, wenn die Wünsche mit verständlichen Begründungen nicht umsetzbar sind oder wenn es alternative Lösungen gibt.

Die Menschen werden jedoch selten gefragt, was sie wollen. Sie bekommen dagegen von vielen Seiten suggeriert, was sie sich wünschen sollten.

Dabei wäre es vielleicht vielen Menschen wichtiger, in einem nicht profitabel arbeitenden Gesundheitssystem jederzeit im Krankheitsfall geholfen zu bekommen, als dass in einem hochprofitablen

Unternehmen die x-te nicht genutzte Funktion eines technischen Gerätes entsteht. Und selbst dem Entwickler der x-ten Funktion ist es vielleicht sogar lieber, dass seine Idee einen möglichst großen Wert für die Menschen hat. Und nein – der Markt regelt es nicht. Dafür gibt es zu viele einflussreiche Organisationen mit eigenen Interessen.

Die für uns Menschen essenziellen Fragen werden viel zu selten gestellt. Stattdessen werden die Menschen mit Unmengen an Produkten, Informationen, Sensationen und vielem mehr zuge-müllt, bis sie durch die Reize überflutet und willenlos – sich nicht einmal mehr am hundertsten Kleidungsstück erfreuend – auf dem Handy herumtippend immer mehr ihre menschliche Identität verlieren. Das wird dann als Fortschritt bezeichnet.

Ein anderes Geschehen ist ebenfalls nicht besser.

Bei diesem wird uns Menschen vermittelt, dass „der Stein des Weisen" bereits gefunden worden sei und die Welt „so und nur so!" funktioniert. Jeder Mensch soll sich nur noch an diesem Denken orientieren und schon ist / wird alles gut.

Andere zweifeln den menschlichen Willen oder die Existenz selbst-bestimmter Menschen insgesamt an.

Es kann / sollte sich jeder seine eigene Meinung bilden, wohin diese Denkweisen führen.

Aus Sicht von »Menschheit 10.0« gibt es drei Implementierungs-botschaften an die verschiedenen gesellschaftlichen Strukturen:

1. Diejenigen, die annehmen den Fortschritt zu verkörpern, sollten schnell neue, wirklich fortschrittliche Ideen entwickeln.

2. Alle die, die nicht offen sind für andere Meinungen und Ideen, werden nie das Beste für die Menschen erreichen, egal was sie sagen.

3. An die anderen die Bitte, helft beiden beim Finden eines neuen Denkens, aber übernehmt auf keinen Fall die Meinungen von 1. oder 2.

Aber zurück zur „Basisdemokratie". Im Kleinen funktioniert sie in vielen Fällen – im großen Maßstab noch nicht.

Bei »Menschheit 10.0« ergeben sich neue Rahmenbedingungen für die Einführung und Nutzung einer „Basisdemokratie". Es geht um auf Sachverhalte bezogene Meinungen und Entscheidungen zum Wohle der Menschen und der Umwelt. Aus der Summe der einzelnen Sachverhalte entsteht ein System aus objektivierten Wünschen und der Möglichkeit, die Wünsche über ein Anreizsystem (»Menschheit 10.0«-Werte-/Bewertungssystem) besser realisieren zu können.

Bei der Einführung von »Menschheit 10.0« müssen wir auch die unterschiedlichen Denkweisen und Erwartungshaltungen aller Menschen berücksichtigen.

Es geht mit »Menschheit 10.0« um die Entwicklung eines nachhaltigen Zukunftssystems und nicht um spontane unrealistische Träume, wie auch immer diese zustande gekommen sind.

Das „Schnelle Denken" kann ein guter Lieferant von Ideen sein und bei der Abschätzung von deren Wirkung auf uns Menschen helfen. Die eigentliche Entwicklung von »Menschheit 10.0« müssen wir mit dem anstrengenden „Langsamen Denken" in wissenschaftlicher Präzision erledigen.

Für beide Denkweisen sowie die gesamte Einführung ist letztlich jedoch das positive Ergebnis entscheidend.

Wie schnell kann und sollte »Menschheit 10.0« eingeführt werden?

Genaue Zeiten sind dann abschätzbar, wenn es erste Erkenntnisse zur Akzeptanz gibt. Es ist nicht klar, ob neue Randbedingungen, wie beispielsweise Katastrophen auf uns zukommen. Diese könnten den Handlungsdruck erhöhen und die Einführung von »Menschheit 10.0« beschleunigen.

Die beiden im nachfolgenden Bild dargestellten Modelle sind mögliche Szenarien für die Einführung.

Kontinuierliche Einführung	Einführung nach „Fertigstellung"
Sachverhalte/Trends mit größter Bedeutung /Dringlichkeit werden relativ schnell der Bewertung unterzogen	Das Werte-/Bewertungssystem wird erst „fertiggestellt", dann erfolgt die Einführung für viele Sachverhalte/Trends

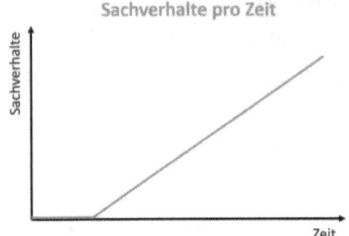 

Abbildung 12: Szenarien für die zeitliche Einführung

Es wird einige Zeit dauern, bis »Menschheit 10.0« so weit ist, dass fundamentierte Bewertungen durchgeführt und Erkenntnisse daraus umgesetzt werden können.

Die „Kontinuierliche Einführung" ist schneller startklar, da keine Mindest-Anzahl an bewerteten Sachverhalten vorliegen muss. »Menschheitspunkte« sind jedoch am Anfang nicht direkt verfügbar, da die Bewertungen der Sachverhalte erst nach und nach aufeinander abgestimmt werden.

Sollen die »Menschheitspunkte« direkt eingeführt werden, ist es sinnvoll, anfangs mehr Zeit einzuplanen, im Bild dargestellt als „Einführung nach Fertigstellung". In diesem Fall sind die Bewertungen der Sachverhalte bereits beim Start des Systems aufeinander abgestimmt.

Als Motivation für die Beteiligung an »Menschheit 10.0« ist die Möglichkeit des Erwerbs von Anwartschaften auf »Menschheitspunkte« angedacht. Diese Anwartschaft ist unabhängig von der Art der Einführung.

Wir Menschen folgen schon immer Wertvorstellungen. Es gibt sehr viele unterschiedlich gut definierte „Werte". Mit dem

Definieren von Menschenrechten wurde beispielsweise bereits ein Set von Werten zusammengestellt.

Mit dem Werte-/Bewertungssystem von »Menschheit 10.0« könnte man dieses Set von Menschenrechten aktualisieren. Außerdem würde zusätzlich ein Anreizsystem für das Einhalten von Menschenrechten zur Verfügung stehen.

Für das Erreichen einzelner Ziele gibt es bereits „Punktesysteme", die auch überwiegend ihren Zweck erfüllen. Der Aufbau eines derartig umfassenden globalen Punktesystems für »Menschheitspunkte« benötigt jedoch eine Menge an Ressourcen und Zeit. Im Rahmen der Einführung von »Menschheit 10.0« ist zu überlegen, welche globalen Ziele genau verfolgt werden sollen und wie globale »Menschheitspunkte« beschaffen sein müssen. »Menschheit 10.0« wäre mit den 5 Schwerpunkten als kleinster gemeinsame Nenner insbesondere für die großen globalen Herausforderungen bestens geeignet. Wir müssen versuchen, »Menschheit 10.0« möglichst auf der gesamten Welt sichtbar zu machen.

Die Ideen von »Menschheit 10.0« sollen sich über die Menschen, Gemeinschaften, Organisationen weltweit verbreiten und die Bewegung von »Menschheit 10.0« muss sich global vernetzen. Bis globale »Menschheit 10.0«-Strukturen handlungsfähig sind, wird einige Zeit vergehen.

Bei »Menschheit 10.0« gibt es nicht „entweder global oder lokal". Der Ansatz ist immer auf Sachverhalte bezogen.

Es gibt Sachverhalte, die haben sowohl globale als auch lokale Bedeutung. Andere haben einen stärkeren lokalen Bezug und bei manchen überwiegt die globale Bedeutung. Die globale (für Menschheit und Umwelt) wie auch die lokale Bedeutung (für Gemeinschaft und nahes Umfeld) sind in »Menschheit 10.0« verankert. Im Prinzip betrachtet man globale und lokale Sachverhalte immer gleichzeitig.

Die schwerpunktmäßige Zuordnung der Sachverhalte kann man schon bei einer ersten Abschätzung erkennen.

»Menschheit 10.0« kann sowohl in übersichtlichen lokalen Strukturen, wie beispielsweise Regionen, Ländern, in Gemeinschaften durch »Menschheit 10.0«-Organisationen vor Ort als auch in globalen Strukturen, wie VN, Konzerne, Nicht-Regierungsorganisationen mittels der global vernetzten »Menschheit 10.0«-Organisationen eingeführt werden.

Regierungen müssten eigentlich händeringend nach einem Mechanismus, vergleichbar mit »Menschheit 10.0« suchen. Denn zurzeit müssen sich die Regierungen immer häufiger unter zeitlichen Druck mit den Problemen der ihnen anvertrauten Menschen auseinandersetzen. Das klappt nicht immer konfliktfrei und die Menschen sind für gutes Regieren nicht unbedingt dankbar.

Mit »Menschheit 10.0« würden die Entscheidungsprozesse früher und unter ausreichender Beteiligung aller ablaufen.

Noch kurz eine generelle Bemerkung zu Veränderungs- bzw. Einführungsprozessen. In der Regelungstechnik wurden Übergangsprozesse von einem Zustand in einen neuen Zustand untersucht und in mathematischer Form beschrieben.

Nachfolgend eine kurze nicht-regelungstechnische Erklärung.

Es gibt folgende Varianten, Übergangsprozesse zu regeln:

a) Der „Ich will (unbedingt)" Wunsch dominiert, die Realität wird ignoriert

   $\Rightarrow$ Ziel wird nie erreicht

b) Alle sind sofort überzeugt und arbeiten systematisch an der Zielerreichung

   $\Rightarrow$ schnellste Variante, aber nicht realistisch

c) Nach scheinbar schnellem Erfolg wird über die Zielmarke hinausgeschossen (Übertreibung)

   $\Rightarrow$ trotz hohen Aufwandes verzögert sich die Zielerreichung, da korrigiert werden muss

d) Nach einer Überzeugungsphase arbeiten alle geordnet an der Zielerreichung

   $\Rightarrow$ aufwandarmes und schnelles Erreichen des Zieles.

Auch Nicht-Regelungstechniker erkennen, dass die Variante d) angestrebt werden sollte.

In der Praxis kommt die Variante c) Überschwingen (Übertreibung) leider oft vor. Viel hilft aber nicht immer viel.

Wie die bisherigen Ausführungen zeigen, wird die Einführung von »Menschheit 10.0« herausfordernd.

Aber wo ein Wille ist, da wird es einen Weg geben.

Teil 5: Motivation

Treiber für Veränderungen

Es gibt unzählige Untersuchungen zum Verhalten der Menschen und wodurch dieses Verhalten wie beeinflusst wird. Neben der Erforschung grundlegender Zusammenhänge spielt die Beeinflussbarkeit der Menschen eine große Rolle.

Durch die aktuellen technologischen Möglichkeiten werden die Menschen nicht mehr nur beeinflusst, sie können systematisch manipuliert werden. Manipulationen werden häufig angewendet, um spezielle Interessen durchzusetzen oder wenn sich die Lebenssituationen oder potenzielle Entwicklungen immer mehr von der Realität entfernen. Mit Manipulationen können eventuell kurzfristige Erfolge erzielt werden. Die objektive Realität wird Manipulationen jedoch langfristig wieder korrigieren.

Wenn beispielsweise jemand dazu getrieben wird, nicht mehr zu essen, wird er sterben, unabhängig davon, ob ihm bis zu seinem letzten Atemzug etwas anderes suggeriert worden ist.

Manipulationen wird es weiterhin geben, aber wir haben die Wahl, wir müssen ihnen nicht folgen.

In der Realität sind folgende Motivationen (nicht Manipulationen) besonders wichtig, um zukünftige Entwicklungen in den Fokus zu rücken und Menschen zur Beteiligung zu veranlassen.

Grundlegende Motivationen ergeben sich zum Beispiel aus:

- dem Decken von materiellen Grundbedürfnissen
- der Erzielung von nicht-materieller Zufriedenheit.

Treiber für Handlungen ergeben sich zum Beispiel aus:

- dem Bestreben, Grundbedürfnisse und Zufriedenheit zu sichern
- der Angst davor, Grundbedürfnisse und Zufriedenheit könnten nicht gesichert werden.

Wenn ein lebensgefährdendes Tier uns verfolgt, werden wir mehr oder weniger intelligent „davonrennen". Uns rettet vermutlich also kurzfristig die Angst. Langfristig werden wir jedoch darüber nach-denken, wie wir mit dieser Gefahr umgehen.
Die Lösungen zum Schutz vor der Gefahr können darin bestehen, dass wir die Gefahr meiden, ihr ausweichen oder wir werden die Gefahr aktiv bekämpfen. In unserem Beispiel meiden wir das Gebiet des Tieres, steigen in ein sicheres Fahrzeug oder wir verteidigen uns mit Waffen gegen die Angriffe des Tieres.

»Menschheit 10.0« legt als Konzept für die Zukunft seinen Fokus auf „den Schutz vor der Gefahr", die langfristige Sicherung der Grundbedürfnisse und der Zufriedenheit von uns Menschen.
Die Zukunft dient als Hoffnungsträger.

Obwohl die Angst eine sehr wichtige Motivation ist, soll diese bei »Menschheit 10.0« nicht geschürt werden. Aus den unterschiedlichsten Gründen können wir jedoch aktuell unsere Angst um die Zukunft der Menschheit nicht verdrängen.

An dieser Stelle wollen wir eines nicht vergessen. All denen, die sich tatsächlich für das Wohl von uns Menschen einsetzen gehört Dank und Anerkennung!
Dabei ist es vollkommen egal, ob es sich um kurzfristige Problembehebungen oder mittel- und langfristige Ideen handelt, ob Über-zeugungskraft oder die Angst als Motivator wirken oder Menschen auf andere Weise für die Sache gewonnen werden.
Was an sich gut ist, wird auch gut bleiben.

Mit »Menschheit 10.0« soll eine Bewegung geschaffen werden, die alle den Menschen dienenden Kräfte vereint und unterstützt.
Die dadurch erzeugte Power könnte dem Fortschritt dienende Entwicklungen zu gemeinschaftlichen Standards werden lassen.

Positive Effekte

Bei »Menschheit 10.0« gibt es viele positive Effekte durch:

1. Nachdenken über Sachverhalte
2. Finden von Ideen für Verbesserungen
3. Zusammenhänge / ganzheitliche Betrachtung
4. Bewerten des aktuellen Standes der Sachverhalte
5. Bewerten von Trend(s) / Idee(n) zu Sachverhalten
6. Gemeinsame Umsetzung der Lösung(en)
7. Verbinden von »Menschheitspunkten« mit Personen/Organisationen.

Welche Effekte die größte Bedeutung haben, hängt vom Sachverhalt und den angestrebten Zielen ab. Selbst, wenn das Werte-/Bewertungssystem von »Menschheit 10.0« nicht bis zur Quantifizierung der Bewertung des Sachverhaltes führt, werden durch das Hinterfragen des Sachverhaltes Verbesserungen angeregt. Die meisten Verbesserungen erzielen wir jedoch, wenn wir alle Schritte bis zur Bildung der »Menschheitspunkte« durchlaufen und die »Menschheitspunkte« mit Personen und Organisationen verbinden.

Wir können »Menschheit 10.0« für einzelne Themen nutzen, wie für den Umwelt- und Klimaschutz. Es gibt jedoch viele weitere Herausforderungen, die teilweise miteinander zusammenhängen.

»Menschheit 10.0« wäre geeignet, die Herausforderungen im Zusammenhang zu betrachten und sie parallel effizienter zu bewältigen.

Diese Chance sollten wir uns nicht entgehen lassen!

Vorteile für …

Falls die bisher aufgeführten Vorteilen noch nicht jeden über-
zeugen konnten, werden in den nächsten Abschnitten die
Vorteile von »Menschheit 10.0« für ausgewählte Personen /
Organisationen aufgezeigt. Die Vorteile ergeben sich aus dem
Unterschied zwischen der aktuellen Situation ohne und durch
die zukünftige Nutzung der »Menschheit 10.0«-Ideen.

Die aktuellen Situationen haben für die Personen und Organisationen unterschiedliche Auswirkungen. Deren Einschätzungen
zur Lage können von der Realität abweichen, insbesondere
wenn sie keine neutrale, objektive Position einnehmen.
Manche Vorteile sind unter Umständen nicht sofort sichtbar. Es
ist nicht möglich, die Vorteile für alle Organisationen und jeden
Einzelnen aufzuzeigen.
Die ihren eigenen Vorstellungen folgenden „Gruppierungen" werden vielleicht jegliche Vorteile von »Menschheit 10.0 «leugnen.
All das führt zu unterschiedlichen Bewertungen der Vorteile.

Nachfolgend werden beispielhaft die Potentiale von
»Menschheit 10.0« aufzeigt, die sich aus Vorteilen ergeben für …

… die Menschen

»Menschheit 10.0« ist für uns Menschen gemacht. Wir stehen im
Mittelpunkt der Idee und des Planes. Alle Menschen profitieren
von den Verbesserungen für die Gesellschaften.
Wir Menschen und unsere Lebenssituationen sind sehr unterschiedlich. Deshalb ist es unmöglich die Vorteile für jeden einzelnen Menschen oder jede Menschengruppe aufzulisten.

»Menschheit 10.0« ist eine neue, chancenreiche und sinnvolle
Initiative. Das ist für viele noch kein ausreichendes Argument,
um aktiv zu werden. Aber eine gute Zukunft wollen wir doch alle?

»Menschheit 10.0« kann insbesondere nach der chaotischen
Corona-Pandemie als Vision mit ganz konkreten Zielen für
viele Menschen Hoffnung und Neuanfang sein.

Sämtliche Verbesserungen in einzelnen Ländern und großen Organisationen haben entscheidenden Einfluss auf das Leben von uns Menschen.

Deshalb werden hauptsächlich diese betrachtet.

Für einige Menschengruppen werden Vorteile auf der Internetseite *www.menschheit10.org* unter *„Fragen und Antworten"* aufgezeigt.

… die VN (Vereinten Nationen)

Der VN als größter globaler Organisation mit dem Anspruch, zum Wohle aller Menschen auf der gesamten Erde zu arbeiten, kommt eine zentrale Bedeutung zu.

Trotz der sehr guten Arbeit auf vielen Gebieten wird sie der eigentlich vorgesehenen Rolle nicht gerecht, beziehungsweise kann dieser nicht gerecht werden. Für das kurzfristige Beseitigen von Problemen fehlen oft Ressourcen, da die VN letztlich am Tropf der nationalen Geldgeber hängt. In vielen VN-Institutionen spielen deshalb nationale Interessen eine große Rolle.

Am deutlichsten wird das Dilemma im Sicherheitsrat der VN. Alle Menschen haben ein Recht auf Frieden, Sicherheit und die Lösung von Konflikten. Bei jeglichen Auseinandersetzungen leiden Menschen und es verbreitet sich Unsicherheit und Hoffnungslosigkeit.

Im Sicherheitsrat der VN scheinen die Blockaden zu dominieren und nicht die praktikablen Lösungen. Die Begründungen für diese Blockaden sind für viele Menschen nicht nachvollziehbar. Damit wird der Ruf der gesamten VN beschädigt.

Die Sichtbarkeit der VN ist gegeben, wenn es um humanitäre Hilfe in Konflikten und Katastrophen geht, aber es fehlen Visionen und langfristige Strategien. Konkrete Pläne und detaillierte Vorschläge für die Gestaltung der Zukunft der Menschheit sind nicht wirklich erkennbar.

Diese Lücke könnte mithilfe von »Menschheit 10.0« geschlossen oder zumindest verkleinert werden.

... die EU (Europäische Union)

Die EU ist der aktuell fortschrittlichste Staatenbund. Nirgendwo sind so viele Staaten mit eigenen teilweise unterschiedlichen Interessen so eng miteinander verbunden. Aufgrund einiger „Konstruktionsfehler" bei der Gründung, langsamen Entscheidungsprozessen und Versuchen, die europäischen Länder zu spalten, kommt es immer wieder zu Turbulenzen.

Die EU ist ein Musterbeispiel für das notwendige Zusammenspiel der einzelnen Völker, um die zukünftigen Herausforderungen meistern zu können.

Die EU folgt demokratischen Prinzipien. Teilweise stellen jedoch sogar EU-Mitglieder diese in Frage. Vielleicht, weil Demokratien mit hohem Aufwand gesichert werden müssen und nicht immer effizient arbeiten.

Mit »Menschheit 10.0« hätte die EU eine verbindende strategische Initiative, um die Demokratie zu schützen und die Gesellschaften in den Ländern weiterzuentwickeln.

Mit einer intelligenten Ausgestaltung des Werte-/Bewertungssystems können direkt neue gemeinsame gesellschaftliche Standards geschaffen werden.

... Regierungen

Einzelne Bewegungen, Organisationen und thematisch orientierte Initiativen gehören zu einer gesunden Demokratie und gefährden weder den Staat noch die Gesellschaft.

»Menschheit 10.0« ist eine Initiative, die eine aktivere Diskussion über die Zukunft und notwendige gesellschaftliche Veränderungen anstoßen will. Ein großer Vorteil dabei ist, dass Meinungsverschiedenheiten frühzeitig sichtbar werden. So können diese vor den eigentlichen Ereignissen ausgeräumt werden.

Strategisches Denken wäre die Aufgabe von Regierungen. Diese werden aber immer häufiger vom kurzfristigen Reagieren getrieben. Die Corona-Pandemie hat sehr viele Verbesserungspotentiale aufgezeigt. In vielen Fällen ist eine zwanghafte Opposition gegen

Regierungsentscheidungen zu erkennen. Dies ist nicht hilfreich, erst recht nicht während einer Krise. Es wäre von Vorteil, wichtige Entscheidungen und Notfallpläne von einer neutralen Organisation / Initiative vorbereiten zu lassen. Die Beteiligung aller Personen und Organisationen bei »Menschheit 10.0« ermöglicht das frühzeitige Erfassen der Ideen und Vorstellungen der Menschen.

»Menschheit 10.0« will und kann keine exekutiven Aufgaben übernehmen, sondern mit Regierungen zusammenarbeiten. Von einem stärkeren Zusammengehörigkeitsgefühl aller Menschen und der frühzeitigen Lösungsfindung für kommende Herausforderungen würden Regierungen direkt profitieren.

... global agierende Konzerne

Die Wirtschaft ist mittlerweile so stark globalisiert, dass jede Störung in den Lieferketten und Zusammenarbeitsgeflechten enorme Auswirkungen hat. Global agierende Konzerne brauchen für die Zusammenarbeit weltweite und verlässliche Standards. Hierbei sind nicht nur technische, sondern auch soziale Standards gemeint.

In vielen Konzernen werden soziale Standards eingehalten und die Mitarbeiter im gewissen Umfang am Erfolg beteiligt. Trotzdem stehen große Konzerne für viele als ein Sinnbild des Wandels der sozialen Marktwirtschaft hin zu einer Art „Raubtierkapitalismus". Dass Konzerne ja „nur den marktwirtschaftlichen Mechanismen folgen", macht das Ganze nicht besser.

Die Konzerne können beim Bewältigen der weltweiten Herausforderungen eine wichtige Rolle spielen, insbesondere beim Klimaschutz. Sie müssen jedoch auch ihren gesamtgesellschaftlichen Auftrag besser verstehen und wahrnehmen. In manchen Führungsetagen sind die Erkenntnisse, dass es entsprechende Veränderungen geben muss, schon angekommen. Dort sollte es leichtfallen, »Menschheit 10.0« als zukunftsweisende Idee zu unterstützen.

... religiöse Organisationen

Religionen haben eine lange Tradition in der Geschichte der Menschheit. Obwohl viele Religionen ähnlichen Wertvorstellungen folgen, gibt es zwischen ihnen erhebliche Meinungsverschiedenheiten sowie Konflikte. Viele Menschen können diese Uneinigkeit sowie das Verweigern von Reformen immer weniger verstehen und kehren den Religionen den Rücken. Sie finden aber zugleich keine äquivalente Orientierung für ihr Leben.

Es müsste im Interesse der Religionen sein, dass alle Menschen wieder stärker miteinander verbunden sind und nachvollziehbar humanistischen Wertvorstellungen folgen. »Menschheit 10.0« hat genau diese Ziele. Was sollten Gott oder andere Heilige dagegen haben, dass wir Menschen freiwillig und selbstbestimmt sinnvollen Werten folgen, das Klima und die Umwelt schützen?

... politische Gruppierungen

Es existieren sehr viele Parteien und politische Gruppierungen. Wenn eine Partei oder Gruppierung nur ihre eigenen ideologischen Festlegungen akzeptiert, wird sie sich gegen alles andere stellen. Auch Opposition um der Opposition Willen ist kontraproduktiv. Die meisten Parteien oder Gruppierungen sind zum Glück zu Toleranz und Zusammenarbeit fähig und beharren nicht auf scheinbar notwendigen Abgrenzungen. Eine Zusammenarbeit erfolgt in den meisten Fällen sachbezogen. Genau dieser Sachbezug ist der Ansatz von »Menschheit 10.0«.

Bei »Menschheit 10.0« wird nach den objektiv besten Kompromissen gesucht. Dies ist insbesondere dann aussichtsreich, wenn die Meinungen und objektiven Bewertungen „unparteiisch" verarbeitet und die Entscheidungen entsprechend vorbereitet werden. So können unnötige Auseinandersetzungen zwischen den einzelnen Parteien entfallen und die Lösungsfindungen würden erheblich erleichtert.

Auch die Mitglieder von Parteien können dann besser ihrem Gewissen folgen und immer das Beste für uns Menschen anstreben. »Menschheit 10.0« könnte mehr Kontinuität beim Regieren erzeugen und so mancher Wahlkampf und Regierungswechsel würde sich entspannen.

... soziale Organisationen

Soziale Organisationen halten in vielen Teilen der Welt das Leben aufrecht. Durch Individualismus, ein verändertes Wertebild und dominierende Gesellschaftssysteme wird deren Arbeit jedoch immer schwieriger. Es fehlt an Helfern, Geld und teilweise sogar an moralischer Unterstützung.

Etwas Gutes tun zu wollen, sich zu engagieren steckt von Geburt an in uns Menschen. Allerdings fällt es vielen schwer, sich zu überwinden. Egal ob Resignation, Bequemlichkeit oder etwas anderes der Grund ist, eine zusätzliche Motivation wäre auf jeden Fall hilfreich. Warum soll jemand, der sich für die Gesellschaft engagiert oder sich sogar aufopfert, nicht etwas davon haben?

Gegenseitige Wertschätzung kann man nicht direkt organisieren, aber »Menschheitspunkte« könnten die Leistungen sichtbarer machen und für zusätzliche Motivation sorgen, sich mehr für die Gemeinschaft zu engagieren.

... Non-Profit- / Nicht-Regierungs-Organisationen

Non-Profit- und Nicht-Regierungs-Organisationen wurden meist für ganz konkrete Zwecke gegründet und stellen eine wichtige Säule in unseren Gesellschaften dar. In vielen Fällen ist der Gründungsanlass das kurzfristige Lösen von Problemen, nicht immer gibt es auch mittel- und langfristige Ziele und Strategien.

Die Fokussierung auf einen bestimmten Zweck führt manchmal dazu, dass eine Art „Tunnelblick" entsteht. Beim Kampf um Mitglieder werden andere Organisationen eventuell als Konkurrenten und nicht als Verbündete gesehen.

Gerade in der heutigen Zeit müssten sich jedoch alle progressiven gesellschaftlichen Kräfte zusammenschließen, um die Herausforderungen bewältigen zu können.

»Menschheit 10.0« will genau diese verbindende Funktion anbieten und mehr Menschen motivieren, sich für die Gemeinschaft in allen möglichen Initiativen zu engagieren.

... die Medien

Die Medienlandschaft ist genauso vielfältig wie die Menschen, Gemeinschaften und Gesellschaften.

Rundfunk/Fernsehen, Kurznachrichtendienste, Printmedien, Plattformen zum Ablegen beliebiger Inhalte verwenden unterschiedliche Vorgehensweisen und Technologien, aber alle organisieren den Informationsaustausch zwischen den Menschen. Unterschiede gibt es hinsichtlich der Positionierung in den Gesellschaften. Die Medien können parteiergreifend oder neutral sein sowie die Realität mehr oder weniger gut widerspiegeln.

Jeden Tag stellen sich die für die Inhalte Verantwortlichen die Frage „Was könnte die Menschen interessieren, was ist wichtig, was sollte man produzieren und wie veröffentlichen?"

Das Gesamtkonzept »Menschheit 10.0« könnte ein riesiges Paket aus den alle Menschen betreffende Themen in unterschiedlichen Formaten über einen nicht begrenzten Zeitraum platzieren. Die Zusammenführung der vielfältigen Sachverhalte dürfte genauso spannend sein, wie die Diskussionen darüber, welche Prioritäten wir Menschen haben und wofür es letztlich »Menschheitspunkte« geben soll.

Warum sollten die Medien selbst nicht mal positive Trends setzen?

Gemeinsam und optimistisch die Zukunft entwickeln wäre doch ein guter Ausgleich zur xxxx-ten Katastrophennachricht.

... alle

Ein Vorschlag von »Menschheit 10.0« ist, dass Gemeinschaften und Gruppen von Organisationen eigene Initiativen für die Zukunft der Menschen entwickeln. Alle können sich so im Rahmen ihrer Möglichkeiten und den eigenen Vorstellungen auf ihren Spezialgebieten betätigen und weiterentwickeln. Beispielsweise hätte eine Initiative „Kunst für die Menschheit" zwar andere Schwerpunkte in ihrem Programm als die Initiative „Wissenschaft für die Menschheit", aber beide folgen gemeinsamen Visionen und Zielen. So kann eine effektive arbeitsteilige Weiterentwicklung der Gesellschaften erfolgen.

»Menschheit 10.0« will mit dem Werte-/Bewertungssystem einen Rahmen schaffen, indem die einzelnen Initiativen und positiven Leistungen jedes einzelnen Menschen, von Menschengruppen und von Organisationen noch mehr sichtbar und nachvollziehbar sind.

Selbstkorrektur von »Menschheit 10.0«

In Organisationen treten häufig Probleme auf wie:

- Ziele werden nicht mehr konsequent verfolgt
- Die Organisation beschäftigt sich mit sich selbst
- Notwendige Anpassungen an neue Umstände werden nicht durchgeführt.

Um diesen Problemen vorzubeugen, wird bei »Menschheit 10.0« ein eigener Mechanismus installiert.

»Menschheit 10.0« wird regelmäßig selbst gemäß dem Werte-/Bewertungssystem beurteilt.

Das heißt, es wird die Frage gestellt:
„Ist »Menschheit 10.0« positiv oder negativ für:

- die Menschen,
- ihr nahes Umfeld,
- ihre Gemeinschaft,
- die gesamte Umwelt,
- die gesamte Menschheit?"

Diese Kontrolle erfolgt transparent.
Verbesserungspotentiale werden so erkannt und es können entsprechende Maßnahmen ergriffen werden.

Weitere Vorteile

»Menschheit 10.0« und Demokratie

Für jede Vision, für jedes Ziel braucht man Optimismus.
»Menschheit 10.0« ist eine Idee mit einem Plan für die Entwicklung der Zukunft der Menschheit.
Selbst wenn »Menschheit 10.0« nicht sofort auf fruchtbaren Boden fallen sollte, wird es »Menschheit 10.0« oder etwas Ähnliches mittel- und langfristig geben müssen, ansonsten wird es uns Menschen nicht mehr lange geben.
»Menschheit 10.0« will Hoffnung geben.
Populistisch ist »Menschheit 10.0« jedoch auf keinen Fall.
Es werden viele Vorteile aufgezeigt, die bei der Nutzung von »Menschheit 10.0« entstehen, jedoch verlangt »Menschheit 10.0« uns Menschen einiges ab. Wir müssen nachdenken, umdenken, uns verändern. Jeder muss mehr Verantwortung für sich und die Gemeinschaft übernehmen.

»Menschheit 10.0« will die Demokratie weiterentwickeln, denn Demokratie ist alternativlos. Warum?
Wir Menschen streben immer nach Freiheit und Selbstbestimmtheit. Diese können wir in demokratischen Gesellschaften verwirklichen. In Demokratien werden sogar einzelne diktatorische Ansätze toleriert.
Eine Diktatur dagegen wird demokratische Entwicklungen aus Angst vor Machtverlust immer bekämpfen. Trotzdem blieb keine Diktatur wirklich lange an der Macht.

Wir alle müssen unsere Demokratien weiterentwickeln,
heute mehr denn je!

Mehr "Werte" schaffen

Geld und materielle Werte sind ungleich verteilt. Wer Geld hat, will dies nicht zwangsläufig mit jemandem teilen. Im gewissen Umfang besteht eine Bereitschaft, gemeinnützig zu sein.
Diejenigen, die wenig Geld haben, brauchen oder wollen mehr.

Sich Geld auf illegale Weise zu beschaffen, ist nicht im gesellschaftlichen Interesse.

Mit den »Menschheitspunkten« von »Menschheit 10.0« würden die für uns Menschen unmittelbar wichtigen Werte eine größere Rolle spielen. Diese hätten zunächst keinerlei Bindung an Geld oder materielle Werte. Sie orientieren sich ausschließlich an den Sachverhalten und deren Bedeutung für uns Menschen. Im Prinzip kennen wir Menschen die für uns wichtigen Werte. Sie haben in vielen Gesellschaften jedoch noch keine angemessene Bedeutung.

Bei »Menschheit 10.0« könnte jemand der wenig Geld hat, plötzlich „Werte" und Zufriedenheit erlangen, ohne jemand anderem etwas wegzunehmen.

Den Ideen für den Einsatz von »Menschheit 10.0« und der Art der Verwendung von »Menschheitspunkten«, sind keine Grenzen gesetzt. Einige Ideen sind in diesem Buch beschrieben.

Das richtige Maß

Menschen sind gelegentlich zu gierig.

Dies hat in den meisten Fällen negative Auswirkungen. Es macht keinen Unterschied, in welche Richtung die Gier, ein zu stark ausgeprägtes Verlangen gerichtet ist. So ist es eindeutig schlecht, beim Konsum zu gierig zu sein und immer mehr zu konsumieren. Eine übertriebene Einschränkung des Konsums, insbesondere Verbote können jedoch kontraproduktiv sein.

Betrachten wir ein Beispiel aus dem Bereich Umweltschutz. Flugreisen und Kreuzfahrten haben eine schlechte Umweltbilanz. Doch sie zu verbieten, würde vermutlich keine gesellschaftliche Akzeptanz finden. Liegt das an den uneinsichtigen Menschen? Das liegt überwiegend daran, dass der Schritt vom aktuellen Status zum totalen Verzicht für viele Menschen zu groß ist. Jeder weiß außerdem sehr gut, wie schwer es ist, sich zu ändern. Intelligente Ansätze sind gefragt.

Was wäre, wenn alle, die ein bestimmtes Maß an Umweltschutz nachweislich erbracht haben, zum Beispiel 50 Tonnen CO_2-Einsparung, im Gegenzug im Umfang von beispielsweise 10 Tonnen CO_2 Flugreisen und Kreuzfahrten als „exklusive Leistung" der Gesellschaft in Anspruch nehmen können?
Übersetzt in den Ansatz von »Menschheit 10.0« heißt das, dass jeder von seinen erbrachten Leistungen etwas zurückbekommen kann. Jeder vom Umweltschutz total Überzeugte muss trotzdem weder eine Flugreise noch eine Kreuzfahrt machen. Aber vielleicht hat er andere Wünsche und könnte dafür seine »Menschheitspunkte« einsetzen.

Den besten Effekt werden wir erzielen, wenn viele zum Mitmachen animiert werden. Die „Heldentaten" von Einzelnen werden für viele schwer erreichbar sein. Trotzdem sind „Heldentaten" als leuchtende Beispiele extrem wichtig. Von den engagierten „Helden" zu erwarten, dass sie perfekt sind und alles richtig machen, ist nicht passend. Es ist schwer genug, ständig an positive Veränderungen zu glauben und dafür aktiv zu sein.

Gesellschaftliche Normen stärken

In allen Gesellschaften ist es notwendig, Leistung und Leistungsbereitschaft zum Wohle aller zu fördern. Leider funktioniert dieses Leistungsprinzip nicht immer. Es kommt teilweise zu Belohnungen für Nicht- oder Fehl-Leistungen. Das ist ein negatives Signal für alle Menschen und senkt die Leistungsbereitschaft.
Diese ungerechten Belohnungen finden im Übrigen in allen gesellschaftlichen Schichten statt.

Aber viel dramatischer sind Situationen, in denen bewusst moralische Grenzen überschritten werden, um persönliche Vorteile daraus zu ziehen. Obwohl die entsprechenden Situationen allen vollkommen klar sind, können keine Sanktionen verhängt werden, beispielsweise weil Gesetzeslücken existieren oder der entstandene (oft emotionale) Schaden unterschätzt wird. Solche Beispiele sind ein Schlag ins Gesicht für alle rechtschaffenen Menschen. Mehr noch – die Menschen erwarten in solchen Situationen deutliche Sanktionen und werden enttäuscht. Dies hat langfristig negative Auswirkungen auf die Entwicklung der Gesellschaft.

Im Rahmen der Bewertung mit dem »Menschheit 10.0«-Werte /Bewertungssystem können die Werte durch uns Menschen neu, zum Beispiel als besonders wichtig eingestuft werden. Da es für die Sachverhalte mit diesen Werten viele »Menschheitspunkte« gibt, werden die Werte kontinuierlich gefördert.

Es spricht nichts gegen die Einführung von Sanktionen, zum Beispiel den Entzug von erworbenen »Menschheitspunkten«, wenn gegen wichtige Werte verstoßen wird oder gravierende Schäden angerichtet werden. Damit wären neue Bewertungsmaßstäbe möglich. Es könnten sogar Lücken in den Rechtssystemen geschlossen werden.

Mehr Freiheit durch Transparenz

»Menschheit 10.0« soll ein innovatives Nachdenken über bestehende Sachverhalte anregen.

Aktuell gibt es Ängste, dass die Freiheit durch Transparenz eingeschränkt werden könnte. Schauen wir uns die Zusammenhänge genauer an, kommen die Ängste vor allem daher, dass Transparenz missbraucht wird oder werden könnte.

Die bestehenden Rechtssysteme stellen sich insbesondere auf technologische Entwicklungen und die damit meist einhergehenden Missbräuche viel zu spät ein. So ist dies beispielsweise aktuell beim Umgang mit persönlichen Daten oder dem Verbreiten von Unwahrheiten im Internet sehr gut zu beobachten. Auch im globalen Rahmen werden Technologien schneller missbraucht, als über mögliche negative Folgen nachgedacht wird.

Beim Werte-/Bewertungssystem von »Menschheit 10.0« würden die potenziellen Missbräuche schneller transparent.

Bei jeder Bewertung einer Technologie würden die negativen Auswirkungen für uns Menschen und die Umwelt hinterfragt. Dadurch könnten umgehend Gesetzesänderungen oder falls notwendig Sanktionen angeregt werden.

Wenn für jeden wirklich transparent ist, welche Regeln existieren und welche Sanktionen es geben kann, würde dies den einen oder anderen von Verstößen gegen Regeln abhalten.
Wir Menschen „müssen" uns gelegentlich abreagieren, wollen manchmal unvernünftig sein. Wendet man die Kriterien von »Menschheit 10.0« an, so würde nichts dagegensprechen, durch mehr Klarheit neue Freiräume zu schaffen.

Auf freigegebenen Rennstrecken „zu schnelles" Fahren zuzulassen, das hatten wir schon als Beispiel. Für alle auf der Rennstrecke wäre klar, dass sie auch ohne eigenes Verschulden zu Schaden kommen könnten. Wer auf der Rennstrecke fahren will, muss sich so absichern, dass die Allgemeinheit nicht für etwaige Schäden herangezogen werden muss.
Da es einen zusätzlichen Freiraum gibt, hätte man eine gute Begründung, das Rasen auf den öffentlichen Straßen noch stärker zu sanktionieren. Eigentlich doch ganz einfach – oder?

CO_2

Bei »Menschheit 10.0« sind der Schutz des Umfeldes und der Umwelt für jeden Sachverhalt als Bewertungskriterium einbezogen. Durch diese konsequente Verankerung gibt es eine gute Chance, Umweltschutz besser durchsetzen zu können.

Es wäre prinzipiell gerecht, wenn jeder Mensch die gleiche Menge CO_2 oder andere „Verschmutzungen" verursachen dürfte und dafür zum Beispiel „Verschmutzungszertifikate" pro Jahr bekommt.
Bei einem derartigen Ansatz würde es viele Meinungen mit tausenden Gründen gegen die Machbarkeit geben.
Es gibt jedoch schon einige, wenn auch noch zaghafte Ansätze, die in dieselbe richtige Richtung gehen.

Mit der Ausgabe von „CO_2-Erzeugungs-Zertifikaten" und deren Handel sind für die Organisationen erste Schritte getan.
Ein Schwachpunkt dabei ist, dass das Geld die entscheidende Rolle spielt. Das heißt, wer Geld hat oder mit seinem Geschäft ausreichend Geld generiert, kann ohne große Konsequenzen

verschmutzen.

Selbst ein hoher Preis für „CO_2-Erzeugungs-Zertifikate" würde diesen Umstand nicht ändern. In vielen Fällen werden die Kosten an uns Menschen weitergegeben. Uns wird dann noch eingeredet, dass die Ausgabe der „CO_2-Erzeugungs-Zertifikate" dafür verantwortlich ist.

Durch die aktuelle Politik des „billigen Geldes (fast keine Zinsen auf Kredite)" sind Kredite zur Sicherung der Geschäfte preiswert. Werden so nicht auch „CO_2-Erzeugungs-Zertifikate" und damit Umweltverschmutzung günstig mitfinanziert?

Optimierungen hinsichtlich eines Schwerpunktes, wie die CO_2-Erzeugung führen oft an anderen Stellen zu neuen Herausforderungen.

Deshalb wäre eine Gesamtstrategie wie »Menschheit 10.0« so wichtig!

Weiter so?

Kommen wir nochmal an den Anfang des Buches zur Umfrage im Kapitel „Aufwachen!" zurück.

In der Tat hinterlassen die vielen und teilweise unübersichtlichen Herausforderungen kein gutes Gefühl für die Zukunft.

Wir müssen die Herausforderungen gemeinsam angehen.

Vielleicht werden sogar die Kinder zum Vorbild für ihre Eltern.

Wir brauchen jedoch alle, Junge - Alte, Arme - Reiche, ...

Die notwendigen Veränderungen werden ohne neue Ideen kaum zu bewältigen sein. Da für gute Ideen auch gute Ratschläge notwendig sind, sollten sich wirklich alle beteiligen.

Mit »Menschheit 10.0« und seinen Vorteilen liegt eine Idee, ein Konzept, ein Plan auf dem Tisch – zur Diskussion und Verbesserung freigegeben.

Teil 6: Zum Schluss

Zusammenfassung

Die Menschheit steht vor sehr vielen Herausforderungen. Selbst wenn einige dies noch leugnen, legt die Realität jede einzelne Herausforderung nach und nach offen. Vielen Menschen erscheint es unmöglich, diese Herausforderungen zu bewältigen. »Menschheit 10.0« stellt sich genau dieser Aufgabe.

Die Komplexität in unserer Welt ist jetzt schon teilweise unüberschaubar und sie könnte noch zunehmen. Die Herausforderungen betreffen jeden Menschen und greifen in alle Lebensbereiche ein.

Es gibt viele einzelne und gute Initiativen, die sich aktuell leider nicht zu einem Ganzen zusammenfügen.

Wir Menschen sind nicht vollkommen, aber wir haben durch unsere Anpassungsfähigkeit bisher überlebt.

»Menschheit 10.0« setzt auf einfache Ansätze und bekannte Mechanismen, um alle Menschen zu erreichen.

Ziele von »Menschheit 10.0« sind:

- das Überleben von uns Menschen sichern
- die Gesellschaft(en) weiterentwickeln
- die Zufriedenheit aller Menschen steigern.

Wie an den Zielen zu erkennen ist, geht es um einen breiten integrierenden Ansatz für die Zukunft. Die aktuellen und teilweise überbetonten Unterschiede zwischen uns Menschen müssen an Bedeutung verlieren. Alle Menschen bilden eine Gemeinschaft – das ist der Schlüssel zur Bewältigung der Herausforderungen.

Wir Menschen brauchen Hoffnung und Motivation für die Zukunft, beispielsweise in Form von Visionen. Die Visionen und Ziele von »Menschheit 10.0« sollen alle Menschen ansprechen und ihnen Mut machen.

Das Umsetzen der Ziele wird erleichtert, wenn folgende Rahmenbedingungen geschaffen werden:

- Die Realität steht nicht in Frage
- Zukunft rückt stärker in den Fokus
- Vergangenheit dient „nur" als Erfahrungsspender
- Die Bedeutung der Gemeinschaft nimmt zu
- Wir Menschen nutzen das „Nachdenken im Urzustand".

Eine zusammenführende Wirkung will »Menschheit 10.0« durch eine einfache gemeinsame Basis erzielen. Diese Basis ist das Werte-/Bewertungssystem von »Menschheit 10.0«. Es definiert, die für alle Ziele gültigen und auf alle Sachverhalte, Trends und Ideen anwendbaren Schwerpunkte.

Die Wertung/Bewertung erfolgt mittels 5 einfacher Fragen.
Ist der Sachverhalt, der Trend gut oder schlecht für:

- die gesamte **Menschheit**?
- meine / unsere **Gemeinschaft**?
- den einzelnen **Menschen** (dich / mich)?
- mein / unser nahes **Umfeld**?
- die gesamte **Umwelt**?

Nach ersten qualitativen Bewertungen mit dem Werte-/Bewertungssystem ergeben sich bereits neue Erkenntnisse. Diese können direkt Prioritäten für unser Handeln beeinflussen.

Für die Bewertung der Sachverhalte und Trends ist es ebenfalls wichtig, wie gut oder schlecht diese im Detail sind. Mithilfe von quantitativen Bewertungen wird dies transparent und vergleichbar. Als Ergebnisse stehen objektiv bewertete Sachverhalte und Trends zur Verfügung. Mit diesen der Realität folgenden Bewertungen lassen sich die Prioritäten weiter optimieren.

Nach einer Abstimmung der Bewertungen, Sachverhalte und Trends aufeinander, entstehen die »Menschheitspunkte«. Diese haben einen unmittelbaren Wert aufgrund der positiven

Aspekte für die Menschheit, die Gemeinschaft, die Menschen, das Umfeld, die Umwelt.

Sachverhalte und Trends stehen in vielen Fällen mit Personen und Organisationen in Verbindung. Durch diese Verbindung der »Menschheitspunkte« mit Personen und Organisationen ergeben sich weitere Vorteile. Personen und Organisationen können auf die für uns Menschen wichtigen Schwerpunkte hin motiviert werden.

Da »Menschheitspunkte« einen Wert haben, können sie als eine Art alternative „Währung" genutzt werden.
Allerdings müssen dafür „Tauschmöglichkeiten" geschaffen werden. »Menschheitspunkte« könnten getauscht werden in ...
– den Ideen sind keine Grenzen gesetzt.

Es ist nun klar, was mit »Menschheit 10.0« entstehen soll.
Wie lässt sich das umsetzen?

Einige Schlüssel zum Erfolg sind:

- überzeugendes Konzept
- »Menschheit 10.0« entwickelt sich parallel zum aktuellen Umfeld und anderen Ideen
- Einfaches und Bekanntes wird genutzt
- eine breite Beteiligung aller ist möglich
- »Menschheit 10.0« ist offen und flexibel
- die Lösungsfindung erfolgt auf Sachverhalte bezogen
- »Menschheit 10.0« kann global und lokal genutzt werden.

Beispiele für die Nutzung von Einfachem und Bekanntem sind die Nähe zu Punktesystemen und zu Währung, Einsatz existierender Tools und Hilfsmittel, die Eigenschaften von uns Menschen werden objektiv berücksichtigt.
Für »Menschheit 10.0« wird eine neue Plattform aufgebaut, die die bekannten Technologien nutzt.

Mittels Anregungen soll die Idee in die Köpfe aller Menschen gebracht werden und eine „Marke" soll die Wiedererkennung von »Menschheit 10.0« erleichtern.

Die Historie und individuelle Befindlichkeiten verhindern oft Lösungsfindungen und spielen deshalb bei »Menschheit 10.0« eine untergeordnete Rolle. Alle für die Lösung erforderlichen Personen und Organisationen werden von »Menschheit 10.0« nicht angegriffen, sondern neutral sachbezogen und lösungsorientiert einbezogen.

Sowohl bei der Weiterentwicklung wie auch bei der Implementierung von »Menschheit 10.0« sollen alle mitarbeiten.

Die notwendigen Motivationen für Veränderungen entstehen durch die transparente Darstellung dessen, was für uns Menschen wichtig ist. Für die Umsetzung werden die bestehenden gesellschaftlichen Strukturen genutzt.

»Menschheit 10.0« setzt auf uns Menschen.

Es wird Änderungen geben. Jeder Mensch wird betroffen sein, kein Land wird verschont. Die zukünftigen Herausforderungen lassen sich nur gemeinsam bewältigen.

Wir haben keine Zeit mehr dafür, dass jeder nur seine eigenen Ziele verfolgt!

»Menschheit 10.0« möchte eine Evolution mit Hilfe von gut durchdachten und nachhaltigen Änderungen.

Starten wir diese notwendigen Änderungen nicht umgehend, kommen sehr unruhige Zeiten oder der sichere Untergang auf uns Menschen zu.

Liebe Leser

Ja – »Menschheit 10.0« ist utopisch.

So utopisch – wie, dass Menschen ins Weltall geflogen sind, sich Millionen von Büchern auf einem kleinen Chip speichern lassen oder dass Autos allein fahren und Roboter autonom handeln.

»Menschheit 10.0« ist eigentlich nicht neu – kann sein.

Wo und wann habt ihr etwas Ähnliches gefunden?

Jeder Hinweis ist willkommen und es ist wichtig, dass alle ähnlich Denkenden zueinander finden.

Sendet eure Hinweise bitte an *info@menschheit10.org*.

»Menschheit 10.0« ist (aktuell) nicht umsetzbar – ???.

Es war schon immer so: Was Menschen geschaffen haben, wurde durch Menschen wieder verändert.

Die meisten Anpassungen waren im Vorhinein betrachtet, oft unvorstellbare Reaktionen auf eingetretene Veränderungen und früher oder später unausweichlich.

»Menschheit 10.0« ist nicht ausgereift – so ist es.

Alles muss sich entwickeln, Früchte müssen reifen, bevor sie mit Appetit gegessen werden können.

Aber jede Entwicklung / jedes Reifen braucht einen Beginn.

...

Das ist das erste, sicher nicht vollkommene Buch eines ganz normalen Menschen.

Bei aller möglichen Kritik sollte eines bleiben.

Da gibt es noch jemanden, der sich für Euch einsetzt.

Wollt ihr das nicht immer?

Bis bald

Wer das Buch genau gelesen hat, kann sich denken, wie es mit »Menschheit 10.0« weitergehen wird.

Ein nächster Schritt ist das gezielte Ansprechen von Personen und Organisationen, sich für die Zukunft der Menschen zu engagieren.
Ins Gespräch kommen, ist ein sehr wichtiger Schritt.
Auf die jeweiligen Reaktionen darf man gespannt sein.

Wer nicht weiß, was er praktisch für »Menschheit 10.0« tun kann, schaut sich bei *www.menschheit10.org* um oder meldet sich unter *info@menschheit10.org*.

Für »Menschheit 10.0« brauchen wir viele Fans und aktive Mitarbeiter.

Packen wir es an!

Wir freuen uns auf Euch.

Anhang

Anhang 1
Details zum Werte-/Bewertungssystem

Im Teil 2 Kapitel „Das Werte-/Bewertungssystem" wurde das prinzipielle Vorgehen erläutert. Diesen Teil nochmals zu lesen, könnte für das Verständnis der nachfolgenden Ausführungen von Vorteil sein.

In diesem Anhang wird ein Vorschlag für den Aufbau eines flexiblen Werte-/Bewertungssystems für Sachverhalte / Trends vorgestellt. Es werden erste Faktoren zur Gewichtung der einzelnen Bewertungen vorgeschlagen und wichtige Aspekte für deren Wahl angesprochen.

Je umfassender das Bewertungssystem angewendet werden soll, umso mehr Iterationsschleifen zum Abgleichen der Faktoren sind voraussichtlich notwendig.

Am Ende der detaillierten Bewertungen gibt es »Menschheitspunkte« pro Sachverhalt / Trend.

Eine exakte Quantifizierung ist für die Bildung von »Menschheitspunkten« unerlässlich. Viele Aspekte und Einflussgrößen müssen bei dieser Quantifizierung berücksichtigt werden. Deshalb sind Wissenschaftler, Politiker, Führungskräfte, Arbeiter und Angestellte: kurz alle Menschen gefragt, hier mitzuarbeiten.

Die Ausführungen in diesem Abschnitt sind noch nicht sehr umfassend. Sie sollen die Richtung aufzeigen und erste Ideen für eine Quantifizierung darstellen.

Folgende Bewertungsschritte, Bewertungen und Bewertungsfaktoren werden vorgeschlagen und in den nächsten Abschnitten näher erläutert:

1. Einschätzung zum Sachverhalt
   ⇒ Punkte je Sachverhalt und Schwerpunkt
2. Bedeutung Sachverhalt je Schwerpunkt
   ⇒ Faktor pro Sachverhalt und Schwerpunkt
3. Abschätzung Trend für Sachverhalt
   ⇒ Punkte je Sachverhalt und Schwerpunkt
4. Bedeutung Trend für Sachverhalt
   ⇒ Faktor pro Sachverhalt und Schwerpunkt
5. Bedeutung der Schwerpunkte
   ⇒ Faktoren für die Schwerpunkte
6. Bewertungspunkte je Sachverhalt
   ⇒ Erreichte Punkte für den Sachverhalt
7. Anpassung der Bewertungspunkte
   ⇒ Zusätzliche Faktoren für Skalierungen

Zu 1.) Einschätzung zum Sachverhalt

Dieser 1. Schritt ist relativ einfach.

Es sind Bewertungsspannen und -schritte zu definieren. Diese müssen geeignet sein, um eine gute Bewertung des aktuellen Standes für den betrachteten Sachverhalt abbilden zu können. Ein Beispiel wären Schulnoten mit der Bewertungsspanne von Note 1 bis Note 6 und der Schrittweite Eins.

Für manche Schwerpunkte können eventuell keine sinnvollen Bewertungen vorgenommen werden. In diesen Fällen wird eine „Neutral-Bewertung" eingeführt und dieser Bewertungsschwerpunkt entfällt.

Es ergibt sich ein Bewertungssystem mit Stufen sowohl in positive wie auch in negative Richtung.

Im nachfolgenden Bild ist eine „Neutral-Bewertung" dargestellt. Der bewertete Sachverhalt hat keine Verbindung mit dem

Schwerpunkt „Gesamte Umwelt".
Für alle anderen Schwerpunkte erfolgen Bewertungen in der festgelegten Auflösung der Stufen, also jeweils 3 Stufen in positive und 3 in negative Richtung.

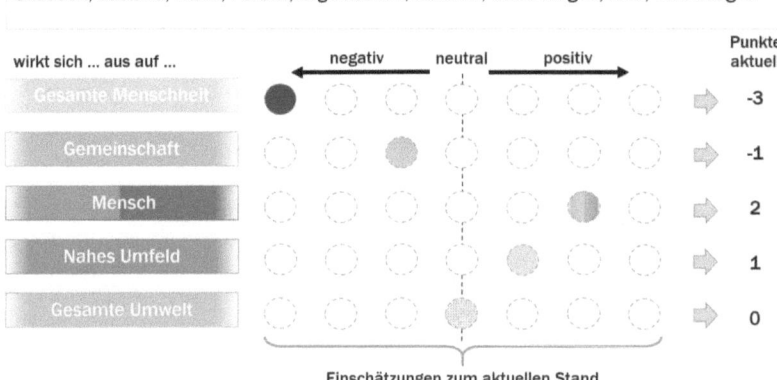

Situation, Zustand, Trend, Person, Organisation, Struktur, Beziehungen, Idee, Vorschlag ...

Einschätzungen zum aktuellen Stand

Abbildung 13: Bewertung aktueller Stand des Sachverhaltes

Diese aktuelle Einschätzung für den Sachverhalt ist ein erster Schritt, sagt aber noch nichts über dessen Bedeutung aus.

Zu 2.) Bedeutung Sachverhalt je Schwerpunkt

Ein Sachverhalt ist in vielen Fällen für die fünf Schwerpunkte, „Gesamte Menschheit", „Gemeinschaft", „Mensch", „Nahes Umfeld", „Gesamte Umwelt" unterschiedlich wichtig.
Unabhängig von den Bewertungen im Schritt 1. wird im Schritt 2. die Bedeutung des Sachverhaltes für die Schwerpunkte festgelegt. Je größer die Bedeutung, umso größer ist der Bewertungsfaktor.

In unserem Beispiel, siehe Bild: „Bedeutung Sachverhalt je Schwerpunkt" wurden fünf Bewertungsstufen mit einer Schritt-weite von Eins eingeführt. Es ergeben sich also Bewertungs-faktoren (Wichtung Sache) von 1 bis 5.

Die Bedeutung des Schwerpunktes „Gesamte Menschheit" ist
in diesem Beispiel am Größten.

Situation, Zustand, Trend, Person, Organisation, Struktur, Beziehungen, Idee, Vorschlag ...

wirkt sich ... aus auf ...	wenig	sehr	Wichtung Sache	Faktor Aktuell	Faktoren Sache
Gesamte Menschheit	○ ○ ○ ○ ●	⇨	5	* 2	= 10
Gemeinschaft	○ ○ ● ○ ○	⇨	3	* 2	= 6
Mensch	◐ ○ ○ ○ ○	⇨	1	* 2	= 2
Nahes Umfeld	○ ● ○ ○ ○	⇨	2	* 2	= 4
Gesamte Umwelt	○ ○ ○ ○ ○	⇨	1	* 2	= 2

Bedeutung überdenken

Verhältnis zu Trend

Abbildung 14: Bedeutung Sachverhalt je Schwerpunkt

Im Bild ist noch ein weiterer Faktor (Faktor Aktuell) dargestellt.
Dieser kann eingeführt werden, um festzulegen, welche Einschätzungen die größere Bedeutung haben sollen: die zur aktuellen
Situation oder die für die Zukunft.
Es gibt also einen weiteren Faktor (Faktor Trend). Dieser wird bei
der Einschätzung der Bedeutung des Trends zum Sachverhalt
im Schritt 4. in die Rechnung einbezogen.

In unserem Beispiel sind die Bewertungen der aktuellen Situation
doppelt so wichtig wie die für die Trends, deshalb ist der
„Faktor Aktuell" = 2 und der „Faktor Trend" = 1.
Die Faktoren für die Bedeutung des Sachverhaltes pro Schwer
punkte ergeben sich aus:

*Faktoren Sache = Wichtung Sache * Faktor Aktuell*

Nachdem die Bedeutung geklärt ist, kann die quantitative Bewertung der aktuellen Situation für den Sachverhalt erfolgen.

Für die Einschätzung des Sachverhaltes für jeden der Schwerpunkte ergibt sich:

Punkte Aktuell (Schritt 1.) * Faktoren Sache (Schritt 2.)
= aktuelle Punkte pro Schwerpunkt.
Summe der aktuellen Punkte pro Schwerpunkt
= Punkte für den aktuellen Stand des Sachverhalts.

Zu 3.) Abschätzung Trend für Sachverhalt

Für viele Sachverhalte lassen sich zukünftige Entwicklungen abschätzen. Diese Trends können wichtiger sein als die aktuellen Bewertungen des Sachverhaltes.

Zunächst werden die Zeiten festgelegt, für die eine Abschätzung der Entwicklung des Sachverhaltes erfolgen soll.
In unserem Beispiel sind mittelfristige (zum Beispiel nach 5 Jahren) und langfristige (zum Beispiel nach 10 Jahren) Vorhersagen zur Entwicklung des Sachverhaltes geplant.
Es wird, soweit es möglich ist, eine Bewertung für beide Zeitpunkte angestrebt.

Falls Vorhersagen nicht möglich sind, erfolgt eine „Neutral-Bewertung". Die Bewertungen werden gleich null gesetzt. Es gibt keine Punkte, die in die Gesamtbewertung eingehen.

Im nachfolgenden Bild: „Trends einschätzen" ist dies für die Bewertung des Sachverhaltes im Zusammenhang mit dem Schwerpunkt „Mensch" zu sehen. Die Bewertung zum Zeitpunkt „Zeit2 (langfristig)" ist eine „Neutral-Bewertung".
Außerdem ist zu sehen, dass der Sachverhalt auch zukünftig keine Bedeutung für die gesamte Umwelt hat.
Es gibt „Neutral-Bewertungen" für die Zeit1 und die Zeit2.

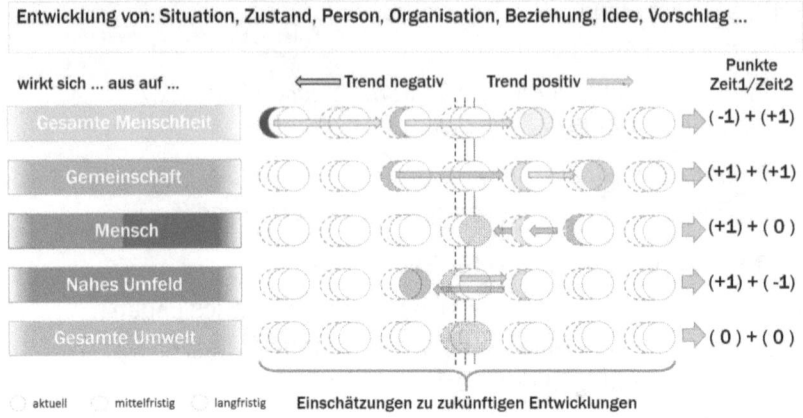

Abbildung 14: Trends einschätzen

Die Bewertungszeitpunkte, Zeit1 und Zeit2 sind so zu wählen, dass Entwicklungen tatsächlich stattfinden können. Sinnvollerweise sollte spätestens, wenn die Zeit1 erreicht ist, eine Aktualisierung der gesamten Bewertung erfolgen. Damit wird der Fortschritt kontrolliert und eine Neubewertung angestoßen. Es ergibt sich ein dynamisches Bewertungssystem mit einer Neubewertung aller x-Jahre. Bei der Neubewertung nach x-Jahren können dann auch die Bewertungsmaßstäbe angepasst werden. Auf diese Weise werden kontinuierliche Verbesserungen bei den Bewertungen erreicht.

Zu 4.) Bedeutung Trend für Sachverhalt

Trends können wichtiger sein als die aktuelle Bewertung des Sachverhaltes. Dies würde, wie im Schritt 2. schon erwähnt, über das Verhältnis „Faktor Aktuell" zu „Faktor Trend" eingestellt.

Das Vorgehen für die Einstellung der Bedeutung der Trends pro Schwerpunkte unterscheidet sich nicht von dem unter Schritt 2. beschriebenen. In dem in Schritt 2. dargestellten Beispiel ist der „Faktor Aktuell" = 2 und der „Faktor Trend" = 1, also die Bewertung der aktuellen Situation ist wichtiger.

Sollen Trends höher bewertet werden als die aktuelle Situation, muss „Faktor Trend" > „Faktor Aktuell" sein.

Falls es sinnvoll ist, die mittelfristige Einschätzung anders zu bewerten als die langfristige, könnte man anstelle eines „Faktor Trend" auch mit zwei unterschiedlichen Faktoren arbeiten. Für die Zeit1 (mittelfristig) würde der Faktor Trend1 und für die Zeit2 (langfristig) der Faktor Trend2 festgelegt.

Im Prinzip wäre es sogar möglich, die Faktoren für die Bedeutung der Zeitpunkte (aktuell, mittelfristig, langfristig) nochmal je Schwerpunkt zu variieren. Dies macht allerdings die Bewertung komplizierter und für die Wahl von Faktoren müssen immer nachvollziehbare Gründe vorliegen.

Für den Sachverhalt gibt es nach der Bewertung der Trends drei getrennte Bewertungen mit unterschiedlichen Bedeutungen: eine aktuelle Bewertung, eine für die Zeit1 und eine für die Zeit2. Mit der Zusammenführung der Ergebnisse wäre die Bewertung des Sachverhaltes abgeschlossen.

In den nächsten Schritten werden noch weitere Faktoren vorgeschlagen.

Zu 5.) Bedeutung der Schwerpunkte

Bisher wurde die Bedeutung der Schwerpunkte für die aktuellen Bewertungen der Sachverhalte und deren Trends nur mit den beschriebenen Faktoren bewertet.
Dies ist sozusagen der Grundzustand.

Es kann allerdings besondere Situationen, beispielsweise Katastrophen geben. Solche besonderen Situationen erfordern besondere Maßnahmen und eine Veränderung der Schwerpunkte. So erlangten zum Beispiel während der Corona-Pandemie die Gemeinschaft und die gesamte Menschheit eine größere Bedeutung gegenüber dem Wohl des Einzelnen (Menschen). In diesen Sondersituationen wäre es sinnvoll, wenn das Werte-/Bewertungssystem weiterhin genutzt werden könnte und Sachverhalte nicht grundlegend neu bewertet werden müssten.

Für das Werte-/Bewertungssystem wird somit ein weiterer Faktor vorgeschlagen, der diese Umbewertung der Schwerpunkte ermöglicht. Die Schwerpunkte haben nicht mehr den Grundfaktor 1, sondern bekommen einen der Situation angepassten Faktor. Somit können die bisher gültigen Bewertungen in Sondersituationen weiter genutzt werden und trotzdem erfolgt eine situationsgerechte Anpassung.

Diese situationsbezogenen Faktoren für die Bewertung der Schwerpunkte könnten außerdem genutzt werden, um Gesellschaftsmodelle zu variieren. Eine Gesellschaft mit einer starken Individualisierung könnte also die Bedeutung des Schwerpunktes „Mensch" erhöhen. Auf das Gemeinwohl orientierte Gesellschaften würden die Schwerpunkte „Gemeinschaft" und „Gesamte Menschheit" höher bewerten.

Die grundlegende Bedeutung der Sachverhalte bleibt ebenso wie auch die objektiven Bewertungen weiterhin gültig.

Situationsbezogene Faktoren können sowohl für die Bewertung des aktuellen Standes wie auch für die mittel- und langfristigen Trends eingeführt werden.

Zu 6.) Bewertungspunkte je Sachverhalt

Nach der Durchführung der unterschiedlichen Bewertungen ergeben sich Bewertungspunkte für den Sachverhalt.

Die Grundbewertung des Sachverhaltes setzt sich zusammen aus:

Aktuelle Bewertungen des Sachverhaltes pro Schwerpunkt ergeben sich aus:

Bewertungen aktueller Stand des Sachverhaltes (Punkte)
   multipliziert mit
dem Faktor für Bedeutung Sachverhalt pro Schwerpunkt
   multipliziert mit
dem Faktor für Bewertungsunterschied „Aktuell/Trend".

<u>Bewertungen des mittelfristigen Trends</u> des Sachverhaltes ergeben sich aus:

Bewertungen mittelfristiger Trend Sachverhalt (Punkte)
multipliziert mit

dem Faktor für Bedeutung Sachverhalt pro Schwerpunkt
multipliziert mit

dem Faktor für Bewertungsunterschied „Trend/Aktuell".

<u>Bewertungen des langfristigen Trends</u> des Sachverhaltes ergeben sich aus:

Bewertungen langfristiger Trend Sachverhalt (Punkte)
multipliziert mit

dem Faktor Bedeutung Sachverhaltes pro Schwerpunkt
multipliziert mit

dem Faktor für Bewertungsunterschied „Trend/Aktuell".

Die grundsätzliche Bewertung des Sachverhaltes ist damit abgeschlossen.

Wie unter 5. „Bedeutung der Sachverhalte" beschrieben, könnten die Schwerpunkte noch unterschiedlich gewichtet werden.

Da sehr viele unterschiedliche Sachverhalte bewertet werden und gleichzeitig Verhältnismäßigkeiten zwischen den Sachverhalten gewahrt bleiben müssen, wird im nächsten Abschnitt noch ein weiterer Faktor eingeführt.

Zu 7.) Anpassung der Bewertungspunkte

Die bewerteten Sachverhalte haben für die Gesellschaft unterschiedliche Bedeutung. Ein »Menschheitspunkt« soll jedoch einen allgemeingültigen Wert besitzen. Deshalb ist eine Art Normierung erforderlich.

Im Werte-/Bewertungssystem werden die unterschiedlichen Einzelbewertungen der Sachverhalte noch mittels weiterer Faktoren aufeinander abgestimmt. Dies kann sinnvollerweise erst nach der Durchführung einer großen Anzahl von Einzelbewertungen unterschiedlicher Sachverhalte erfolgen.

Die Anpassungen sollen durch die Einführung von Skalierungsfaktoren für die Bewertungen des Sachverhaltes pro Schwerpunkt ermöglicht werden.

Das nachfolgende Bild „Quantitative Bewertung" soll veranschaulichen, wie sich die Berechnung der Bewertungspunkte unter Nutzung verschiedener Faktoren zusammensetzt.

Situation, Zustand, Trend, Person, Organisation, Struktur, Beziehungen, Idee, Vorschlag ...					
Detaillierte Bewertungen	Aktuell Wert * Faktor	Trends Wert * Faktor	Grund- oder Sonder-Faktor	Punkte Sache	Ggf. Skalierung
Gesamte Menschheit	(-3 * 10 = -30) +	(0 * 3 = 0) =	(-30 * 1 = -30)	-30	x * -30
Gemeinschaft	(-1 * 6 = - 6) +	(2 * 2 = 4) =	(-2 * 1 = -2)	-2	x * -2
Mensch	(2 * 2 = 4) +	(1 * 1 = 1) =	(5 * 1 = 5)	5	x * 5
Nahes Umfeld	(1 * 4 = 4) +	(0 * 4 = 0) =	(4 * 1 = 4)	4	x * 4
Gesamte Umwelt	(0 * 2 = 0) +	(0 * 2 = 0) =	(0 * 1 = 0)	0	x * 0
				-23	xxx

Abbildung 15: Quantitative Bewertung

Im Bild ist ein für die „Gesamte Menschheit" entscheidender Sachverhalt aktuell so negativ, das andere Schwerpunkte dies nicht kompensieren können.

Derjenige, dem dieser Sachverhalt zugeordnet wird, bekommt negative »Menschheitspunkte«.

Als Konsequenz müsste dieser Sachverhalt mittelfristig gravierend im Sinne der „Gesamten Menschheit" verbessert werden.

Es sind weitere Faktoren denkbar, beispielsweise in der Übergangszeit, wenn ein neuer Sachverhalt in das Werte-/Bewertungssystem aufgenommen wird.

Wie schon erwähnt, sollen die bisherigen Ausführungen nur einen möglichen ersten Ansatz darstellen.
Die Bildung der »Menschheitspunkte« wird noch umfassende Iterationsschritte erfordern.

Eine Checkliste für den beschriebenen Bewertungsansatz ist in elektronischer Form unter *www.menschheit10.org* verfügbar.

Abbildungsverzeichnis

Zeitfracht Medien GmbH
Ferdinand-Jühlke-Straße 7
99095 Erfurt, Deutschland
produktsicherheit@kolibri360.de